AF312298

COURS PRATIQUE

DE

FRANC-MAÇONNERIE,

Applicable à tous les Rites,

ET PARTICULIÈREMENT

AUX RITES FRANÇAIS ET ÉCOSSAIS.

—

PREMIER CAHIER.

Gr∴ d'Apprenti.

Mᵐᵉ Honorine Fleury,
libraire, près l'hôtel-de-ville,
A ROCHEFORT.

Le Cours Pratique de Fr∴-Maçonn∴, quoique annoncé comme supplément de l'Encyclopédie Maçonn∴, est un ouvrage complet, et tout-à-fait distinct du second.

Il en est de même des deux premiers supplémens, dont l'un est le Mémoire sur l'Ecossisme, couronné par la Confédération des cinq Conseils de Chev∴ K∴ de la V∴ de Paris. Le deuxième est l'Histoire des Initiations et Expiations de l'Ancienne Egypte, suivie d'une *dissertation sur l'origine et le but des anciens mystères*. Le Mémoire, 1.50; l'Histoire des Initiat∴, 1.25.—25 c. de plus pour l'envoi de chacun par la poste.

L'Encyclop∴ Maçonn∴, ouvrage qui a paru par livraisons dans l'intervalle des années 1819 à 1832, et qui contient beaucoup de faits sur l'histoire de la Maçonn∴ et les dissidences; de discours sur les gr∴ et autres sujets; de mémoires couronnés par des Atel∴ sur les questions les plus importantes pour l'Ordre; d'extraits d'ouvrages marquans en Maçonn∴, etc., quatre forts vol. in-12, 16 fr.—18 fr. avec les deux supplémens ci-dessus annoncés.

La G∴ L∴ nationale suisse, par sa circulaire du 15 juin 1840 aux LL∴ de son alliance, leur recommande cet ouvrage comme indispensable pour l'instruction des maç∴, et une approbation motivée et très positive lui a été donnée dans un rapport fait au G∴ O∴ de France au nom d'une commission spéciale. Il a aussi obtenu les suffrages également favorables d'un grand nombre d'Atel∴, et de personnages renommés dans l'Ordre, par leur science, et par les hautes dignités qu'ils y ont remplies.

Ce Cours est complet en cinq cahiers, depuis le 1er gr∴ jusqu'au 30e inclusivement; il est terminé par un aperçu sur les 31, 32 et 33e. et par un chapitre sur les fêtes d'adoption.

COURS PRATIQUE

DE
FRANC-MAÇONNERIE,

PUBLIÉ SUR LA DEMANDE ET SOUS LES AUSPICES
DE LA R∴ L∴ ISIS-MONTYON,
Par le F∴ C∴ DUPONTÈS.

PREMIER CAHIER.

GRADE D'APPRENTI.

TROISIÈME ÉDITION.

PARIS.

Chez l'AUTEUR, au Bureau de l'*Encyclopédie Maçonnique*,
rue Boucher, 16, prés celle des Bourdonnais.

1847.

INTRODUCTION.

Nous avons sur la Franc-Maçon.·. des ouvrages étendus et savans, que les hommes lettrés, et qui ont du loisir, lisent avec intérêt et avec fruit. Mais ces hommes, tout nombreux qu'ils sont dans l'Institution, n'en forment pas la masse générale, en grande partie composée de FF.·. occupés de travaux et d'affaires qui ne leur laissent ni assez de temps ni assez de liberté d'esprit pour des lectures longues et sérieuses, auxquelles il faut avoir été préparé par des études scientifiques et littéraires.

D'un autre côté, on a publié de petits livres dans le but d'aider la mémoire sur la partie routinière et pour ainsi dire matérielle de la Maçonnerie. Sans doute, il faut connaître les signes extérieurs ; mais ce n'est pas cela qui fait le Maçon.

Ces deux extrêmes, l'un de luxe d'érudition, l'autre de sécheresse et de brièveté, laissent à désirer un ouvrage peu volumineux, à la portée de tous les initiés, qui leur donne les connaissances théoriques et pratiques sur les Gr.·., à mesure qu'il les reçoivent, qui les mettent ainsi en état d'en recevoir de plus élevés ; qui, en ne négligeant pas les formes, insiste particulièrement sur le fond, et les pénètre bien des principes et des justes exigences d'une institution appelée à produire les résultats les plus importans, si l'insouciance, l'égoïsme et de fausses doctrines n'en étouffent pas les germes précieux.

C'est ce que nous avons essayé de faire en publiant un cahier d'instruction pour chacun des trois gr∴ symboliques, un pour les quatre séries des gr∴ capitulaires, et un pour les trois séries des gr∴ philosophiques; ce qui fait cinq cahiers, pouvant être mis séparément à la disposition de chaque initié, à mesure qu'il reçoit un gr∴ ou des séries des hauts gr∴

Ces cahiers ont été rédigés pour la L∴ d'Isis-Montyon, qui nous les a demandés, et pour ses deux atel∴ supérieurs. Cette L∴, à laquelle le G∴ O∴ a décerné, le 27 décembre 1839, une glorieuse récompense pour son institution des PRIX DE VERTU, et pour ses autres trav∴, jalouse de faciliter à ses membres les moyens de s'instruire des formes et de la doctrine Maç∴, leur donne ces cahiers à mesure qu'ils reçoivent le gr∴ dont chacun traite. Mais cette doctrine n'est pas spéciale à un atel∴; elle est celle de tous, elle est celle de tous les rites, quoique nous ne parlions que du rit Français et du rit Écossais, qui sont les plus répandus. Ceux qui pourront s'établir par la suite, seront nécessairement basés sur les mêmes principes, sans lesquels ils ne seraient pas maçonniques.

Cette division en cahiers permet aux atel∴ qui ne sont pas indifférens au plus ou moins d'instruction Maç∴ de leurs membres, de ne les leur communiquer qu'à mesure qu'ils les avancent, et d'exiger de ceux-ci qu'ils ne se présentent à un gr∴ nouveau qu'autant qu'ils se sont mis en état de répondre sur les précédens. Avec ce secours, qui, comparé avec les frais de réception, n'ajoute qu'une dépense insensible, soit pour l'atel∴ s'il le donne, soit pour le récipiend∴ si on le lui fait payer, l'ignorance des aspirans serait inexcusable.

Nous applaudissons aux doctes recherches faites par des Maç.·. érudits : elles présentent un aliment plus ou moins utile, plus ou moins agréable à la curiosité; elles peuvent fournir pour quelques gr.·. des interprétations intéressantes. Mais l'érudition n'est aujourd'hui pour la Maçonn.·. qu'un objet accessoire, et qui ne peut même être présenté dans beaucoup d'at.·. que d'une manière très superficielle. L'objet principal de notre institution, ce sont les enseignemens que nous donnent les différens gr.·. pour la conduite de la vie. Elle n'a plus de prix que par là ; c'est le grand intérêt du genre humain et de chacun de nous. Ferons-nous dans nos atel.·. des cours d'astronomie, d'archéologie, de physique? Cela ne servirait ni à faire de meilleurs Maç.·., ni à reculer les limites de ces sciences, qui sont traitées dans des livres ou dans des cours spéciaux aussi bien et aussi complètement que le permettent les découvertes faites jusqu'à ce jour. Ce qui, dans l'état actuel de la société, convient surtout à la Maçonn.·. qui a le bonheur d'avoir des tribunes ouvertes pour l'enseignement de la vérité morale dans toute sa pureté, c'est de ressusciter l'école de Socrate, de ce sage qui a rejeté les systèmes des sectes diverses pour s'attacher aux principes qui font le bonheur de l'homme individuel et social, c'est-à-dire qu'elle a pour mission de cultiver la philosophie morale. C'est là son domaine, et il est assez beau, assez étendu pour qu'elle en fasse le sujet de toutes ses instructions, comme elle règle ses actes sur le précepte divin de la charité. L'Orateur habile fera intervenir avec bonheur d'autres sciences à l'appui de ses enseignemens moraux (*voir*, p. 55 et 58, ce qui est dit sur l'histoire naturelle, sur l'histoire des peuples, etc.); mais il ne fatiguera pas ses auditeurs en n'expliquant les gr∴ que par des systèmes scientifiques, dont l'application n'est souvent que conjecturale ou un jeu d'esprit ; il rapportera ses interprécations à la philosophie morale, qu'on trouve dans tous les gr∴ quand on l'y cherche ; il sera facilement compris, il convaincra les esprits et remuera les ames : il remplira ainsi un digne et auguste ministère.

Nos cahiers étant spécialement consacrés à la pratique de la Maçonn∴, nous les commençons par le catéchisme du Gr∴, dont nous avons supprimé ce qui, par le cours des idées, a cessé d'avoir une signification, et ce qui ne doit pas être imprimé. Nous remplaçons ces suppressions par d'autres aperçus, dont les présidens d'atel∴ et les Orateurs feront l'usage qui leur conviendra. Ce catéchisme est lu de temps en temps, en totalité ou en partie, dans la L∴ Isis-Montyon. Il est en effet la base de ce qu'un Maçon doit savoir et partiquer dans le gr∴ dont il est revêtu. Les instructions qui viennent à la suite, en sont les corollaires et les développemens, rédigés, les uns en chapitres distincts, les autres en forme de notes, selon qu'ils nous ont paru devoir être traités avec plus ou moins d'étendue.

INSTRUCTION

SUR

LE GRADE D'APPRENTI

AUX DEUX RITES, FRANÇAIS ET ÉCOSSAIS.

CHAPITRE PREMIER.

CATÉCHISME DE L'APPRENTI,

OU

Conférence entre le Vén.·. et les Surv.·.

LE VÉN.·. AU 1er SURV.·.

1. Demande : F.·. 1er surv.·., êtes-vous Franc Maçon ?

Réponse : *Mes FF.·. me reconnaissent pour tel.* *

2. D. Qu'est-ce que la Franc-Maçonnerie (1) ?

R. C'est l'asile pacifique de la vérité, de la sagesse éternelle, asile plus ou moins mystérieux suivant les temps et les pays, qui a toujours existé, et qui existera toujours, soit comme as-

---

* Les réponses imprimées en italique sont sacramentelles. Les app.·. doivent être toujours prêts à les faire littéralement aux questions que le 2e surv.·. et l'expert sont obligés de leur adresser, jusqu'à ce qu'ils n'hésitent pas dans ces réponses, et dans l'explication de celles qui ont un sens allégorique.

sociation autorisée ou simplement tolérée, soit comme épanchement du cœur entre quelques amis, sans formes extérieures, parce que toujours il s'est trouvé et se trouvera des hommes pour protester contre le vice, l'erreur et le mensonge. Aussi est-ce l'institution la plus ancienne qui existe dans le monde.

3. D. Pourquoi dites-vous qu'elle est la plus ancienne? le mot de Fr∴-Maç∴ n'est cependant pas très ancien.

R. Le mot est moderne ; mais l'institution est d'une telle antiquité, qu'on ne peut en connaître l'origine. Elle a existé bien des siècles avant l'ère chrétienne, en Egypte, en Grèce et ailleurs, sous le nom d'Initiation (2). Le christianisme lui-même a été primitivement l'épuration des initiations qui avaient dégénéré. C'était une initiation philosophique et religieuse, à laquelle les profanes ne pouvaient assister. La chevalerie du moyen âge a été aussi une sorte d'initiation, avec des formes particulières, dont une grande partie lui a été empruntée par les F∴-M∴ (3).

4. D. Que veut dire le mot *Initiation* ?

R. Il signifie *naissance d'une vie nouvelle.*

5. D. Qu'entendez-vous par cette vie nouvelle?

R. J'entends qu'un profane, en recevant la faveur de l'initiation, doit devenir un homme nouveau, se dépouiller des erreurs, des préjugés.

et principalement des défauts et des habitudes vicieuses qu'il a pu contracter dans le monde profane (4).

6. D. La Maçon∴ est donc une école de vertus?

R. Oui : elle exige de ses disciples toutes les vertus individuelles, domestiques et sociales. Elle les familiarise avec des principes sur lesquels il est utile de rappeler souvent son attention, parce qu'on n'est que trop exposé à les perdre de vue dans la pratique, au milieu des passions. des soucis et des distractions de la vie civile.

7. D. Est-elle aussi une école d'instruction ?

R. Oui, particulièrement sous le rapport de la phisolophie morale, la plus importante de toutes les sciences, celle qui contribue le plus directement au bonheur de l'homme. Elle lui apprend, par la contemplation des magnifiques ouvrages de la nature, à s'élever jusqu'à son auteur. Elle conserve ainsi en lui les sentimens religieux, sans mélange d'idées et de pratiques superstitieuses. D'accord avec tous les cultes sur les principes essentiels, elle leur prouve qu'ils sont eux-mêmes d'accord sur ces principes, que par conséquent ils ne doivent pas se haïr et se persécuter les uns les autres, pour des formes extérieures, qui ne sont pour la véritable religion, que des accessoires assez indifférens. Elle établit par cette doctrine. la base la plus solide de la

tolérance universelle ; elle prépare le règne gé
néral de cette tolérance, et la fusion de tous les
systèmes religieux en un seul, qui fera de tous
les peuples une seule famille, unie par les
mêmes sentimens d'adoration du grand Être, de
fraternité, de charité mutuelle (5).

8. D. La maçonn∴ ne donne-t-elle pas à cet
égard un bel exemple aux institutions religieuses ?

R. Oui, elle a eu, et a encore des rites différens. Ces rites ont d'abord produit des schismes
et des querelles scandaleuses, par suite de cet
esprit d'intolérance qui n'a régné que trop
longtemps. Mais la vraie lumière a triomphé :
on a reconnu qu'avec ces formes diverses, les
principes étaient restés les mêmes, et l'on s'est
embrassé comme étant de la même religion,
sans suivre le même culte. Dans tous les
pays du globe où il y a des maç∴, de quelque rit que ce soit, les initiés sont accueillis
avec la même fraternité. Cette tolérance raison-
née est telle que des ateliers, comme nous en
sommes nous-mêmes un exemple, professent
plusieurs rites.

9. D. A qui la maç∴ est-elle utile ?

R. Elle l'est à tous : aux hommes instruits,
parce qu'elle leur fournit l'occasion d'exercer

leurs talens sur les sujets les plus dignes de leurs méditations ; à ceux qui ne le sont pas, parce qu'elle leur offre des instructions importantes ; aux jeunes gens, parce qu'elle leur présente des préceptes salutaires et de bons exemples, et qu'elle les accoutume à réfléchir sur la conduite de la vie ; à l'homme du monde, à qui elle procure de nobles et d'utiles distractions, au voyageur, à qui elle fait trouver des amis et des frères dans des contrées où il serait isolé et abandonné à lui-même ; à l'homme probe dans l'infortune, à qui elle donne des secours ; à l'affligé, à qui elle prodigue des consolations ; à l'homme charitable, qu'elle met à portée de faire plus de bien en se réunissant à d'autres qui le sont comme lui ; enfin à tous ceux qui ont une ame capable d'apprécier son importance, et de jouir des charmes d'une amitié fondée sur les mêmes principes de religion, de morale et de philantropie (6).

10. D. Puisqu'il en est ainsi de la maçonn..., que doit être un Franc-Maçon ?

R. Un homme d'honneur et de conscience, préférant son devoir à tout, même à la vie ; libre dans ses sentimens et de bonnes mœurs ; soumis aux lois, dévoué à l'humanité, à sa patrie, à sa famille ; bon et indulgent envers ses frères ; ami de tous les hommes vertueux, prêt à secourir ses semblables par tous les moyens qui sont en son pouvoir (7).

11. D. Y a-t-il un secret dans la maçonn∴?

R. Il y en a un, et qui est d'une haute portée.

12. D. Quel est-il?

R. On ne le révèle pas en L∴. C'est à chaque maçon à le découvrir, en réfléchissant sur les emblèmes, et sur ce qui se dit et se fait dans les travaux : *cherchez, et vous trouverez*. Tout ce qu'il m'est permis de dire ici, c'est que le grand but de la maçonn∴ étant l'amélioration physique et morale de chaque individu en particulier, et de la société en général, il y a d'importantes vérités à mettre dans l'opinion à la place de beaucoup d'erreurs et de préjugés nuisibles, et que parmi ces maladies morales, il en est dont le traitement exige du courage, et en même temps beaucoup de prudence et de discrétion. Le secret maç∴ se manifeste sans que la parole le révèle, à celui qui a bien compris tous les gr∴, à mesure qu'il les a reçus, et particulièrement les plus élevés de l'Écossisme. Ce rit, dont les principes sont plus prononcés que ceux du rit Français, soulève un coin du voile dès le gr∴ d'apprenti; car il dit expressément dans les cahiers de ce gr∴, que la maçonn∴ est un culte (8).

AU SECOND SURVEILLANT.

13. D. F.·. second surv.·., à quoi reconnais-sez-vous un maçon ?

R. *A ses signes, mots et attouchemens.*

14. D. Comment se fait le signe d'app.·. au rit Français ?

R. Il se fait en deux partis : la première, qui est le *signe d'ordre,* consiste à porter la main droite *. . . . .

La seconde partie, qui est le *salut,* consiste. .

. . . .

Ces mouvements doivent se faire avec fermeté et précision.

15. D. Quel est l'attouchement ?

R. Il se fait en se prenant mutuellement . . .

. . . .

16. D. Donnez-moi le *mot sacré ?*

R. L'app.·. épelle **. Dites la première lettre, je nommerai la seconde.

---

* L'app.·. apprend en L.·. le reste des réponses, que nous laissons en blanc, et qu'il n'est pas permis d'impri-mer.

** Cette réponse, qui se trouve dans quelques rituels, et qui est un signe de modestie, est plus raisonnable qu'une autre, qui est l'aveu d'une ignorance complète, suffisante. si elle était réelle, pour motiver le rejet d'un récipiendaire

17. D. J.

R. (La seconde.)

18. D. (La troisième.)

R. (La quatrième.)

19. D. (La cinquième.)

R. (Prononcer la dernière syllabe. puis le mot entier.)

20. D. Donnez le *mot de passe*.

R. T.......... (nom de l'ouvrier en métaux le plus anciennement connu).

21. D. Quelle est la batterie ?

R. Celle qu'on fait dans l'attouchement. .

. . . .

22. D. Quelle est la marche ?

R. Elle s'exécute en plaçant le pied droit. . . .

. . . .

. . . .

. . . .

On doit exécuter cette marche chaque fois qu'on entre en L.'., à partir des colonnes ; et après le troisième pas, on donne le salut en faisant face à l'Est, puis on se rend à sa place par les pas ordinaires.

AU PREMIER SURVEILLANT.

23 D. F.'. 1er surv.'., quel est le signe d'app.'. au rit Ecossais ?

R. Le même qu'au rit Francais.

24. D. Quel est l'attouchement?

R. Le même, excepté que. . . . .

. . . .

25. D. Et la marche ?

R. Comme dans le rit Français, mais on y part du pied gauche.

26. D. Donnez-moi le *mot sacré.*

R. (Même réponse que pour le rit Franç.·.)

27. D. B.

R. (La seconde lettre.)

28. D. (La troisième.)

R. (La quatrième. puis prononcer la dernière syllabe, et le mot entier.)

29. D. Donnez le *mot de passe.*

R. Il n'y en a pas dans ce gr.·. au rit Ecossais. (Le donner au rit Français.)

AU SECOND SURVEILLANT.

30. D. F.·. second surv.·., que signifie le signe d'apprenti ?

R. Il rappelle aux maçons ce qu'ils se sont engagés par serment à souffrir, plutôt que de manquer aux lois de la discrétion.

31. D. Qu'avez-vous ajouté à ce serment lorsque vous avez été reçu maçon ?

R. J'ai pris l'engagement d'aimer mes frères, de les secourir selon mes facultés, et de me conduire en tout d'après les principes de la maçon.·.

32. D. Qui vous a conseillé de demander l'initiation ?

R. Un sage ami, que j'ai reconnu ensuite pour un frère.

33. D. Comment avez-vous été introduit en L.˙.?

R. Par trois grands coups.

34. D. Que signifient ces trois coups ?

R. Les trois moyens de connaître la vérité : demandez, et vous recevrez ; cherchez, et vous trouverez ; frappez, et l'on vous ouvrira.

35. D. Comment avez-vous été présenté à la porte du temple ?

R. Ni nu ni vêtu, dépourvu de tous métaux, et un bandeau sur les yeux.

36. D. Comment n'étiez-vous ni nu ni vêtu ?

R. Je n'avais que les vêtemens exigés par la décence, et du reste, j'étais nu, et j'étais dépourvu de métaux, pour marquer que l'éclat extérieur n'éblouit pas les maç.˙., qu'ils honorent la vertu et méprisent le vice dans quelque condition que l'une et l'autre se trouvent ; et que si l'on doit rechercher l'aisance par son travail et son économie, la passion des richesses perd souvent ceux qui s'y livrent.

37. D. Pourquoi un bandeau sur les yeux ?

R. Pour marquer le déplorable aveuglement de ceux qui restent dans l'ignorance, et aussi des hommes qui s'attachent aux faux biens, et négligent les véritables, savoir, la vertu et la science.

AU PREMIER SURV.˙.

38. D. F.˙. 1ᵉʳ surv.˙., n'avez-vous pas subi différentes purifications dans votre réception ?

R. J'ai été purifié par l'air dans mes voyages, par l'eau et par le feu, c'est-à-dire que ces purifications corporelles ont été pour moi des avertissemens de la pureté dans laquelle je dois tenir mon ame.

39. D. Qu'indiquait le compas dont une pointe était fixée sur votre sein gauche ?

R. Que les pensées et les actions d'un maçon doivent toujours être dirigées par la justice et la régularité.

40. D. Que signifie la marche qu'on vous a apprise ?

R. Que le maçon doit toujours suivre la ligne droite, comme étant le plus sûr et le plus court chemin pour réussir, pour jouir de la paix de l'ame, et pour que les autres soient également contens de nous.

41. D. Quelle conséquence avez-vous tirée du tablier et des gants qui vous ont été remis?

R. Le tablier m'a rappelé que l'homme, riche ou pauvre, est, non pas condamné, mais destiné au travail, par lequel il perfectionne à son profit les ouvrages de la création, et ses propres facuités ; et que, pour ne pas s'abâtardir au phy-sique et au moral, il doit mener une vie active.

Les gants m'ont averti, par leur blancheur, que la candeur doit régner dans l'ame du maçon, que son cœur et ses mains doivent rester cons-tamment pures.

42. D. Où avez-vous travaillé pendant votre apprentissage ?

R. Sur la colonne et sous la direction du second surv∴.

43. D. A quoi avez-vous travaillé ?

R. *A dégrossir la pierre brute.*

44. D. Qu'entendez-vous par dégrossir la pierre brute ?

R. J'entends faire ma première éducation maçonnique, ou m'instruire des premiers mys-tères et des premiers préceptes de la maçon-nerie. C'est aussi un travail que je devais faire sur moi-même, et qui consistait à me *polir* en quelque sorte, c'est-à-dire à m'éclairer, à prendre l'habitude de l'aménité, de l'affabilité, de l'in-dulgence et de la bienveillance envers mes frères, et à me corriger de mes défauts.

45. D. Quel âge aviez-vous comme apprenti ?

R.   *ans*, c'est-à dire que j'étais encore bien jeune maçon, et par conséquent peu avancé dans la science maçonnique.

46. D. Comment devez-vous vous présenter en L∴ lorsque les trav∴ sont ouverts ?

R. Je dois me revêtir de mon tablier, frapper doucement à l'extérieur par les coups d'app∴, attendre patiemment que l'on m'ouvre, si l'on me répond par un petit coup en dedans, et, lorsque je suis introduit, me mettre à l'ordre, donner au couvreur le mot de sem∴ et le mot particulier de la L∴, répondre aux questions qu'il a droit de me faire, m'avancer par les pas du gr∴ jusque un peu au-delà des deux col∴, puis m'arrêter, saluer la L∴, la tête droite, et les yeux dirigés vers l'Orient, et me rendre sans bruit à ma place par la marche ordinaire.

47. D. Que fait-on en L∴?

R. *On y bâtit des temples à la vertu, et l'on y creuse des cachots pour les vices,* c'est-à-dire que nous devons nous-mêmes être ces temples consacrés à la vertu, et y refouler les vices comme dans des cachots profonds d'où ils ne puissent sortir.

48. D. Dans quelles dispositions venez-vous en Loge ?

R. J'y apporte la résolution de vaincre mes passions, d'exprimer mes opinions avec franchise, mais toujours avec convenance, de soumettre ma volonté à celle de la majorité de mes frères.

de me livrer à l'étude de la sagesse et à la pratique de la bienfaisance.

49. D. Qu'est-ce que représente une L∴ ?

R. L'univers entier, qui est le plus beau temple du G∴ A∴. Aussi l'on y voit briller le soleil, la lune et les étoiles, et l'on y distingue l'Est, où siège le vénér∴; le Sud, où est placé le 1ᵉʳ surv∴, et le Nord, où est le second. Dans les trav. du rit Ecossais, le 1ᵉʳ surv∴ est à l'Ouest, et le second au Sud (9).

Les colonnes placées vers l'Ouest portent les lettres J et B, initiales des mots sacrés, qui signifient *force et sagesse;* elles sont avec une troisième colonne, celle de la *beauté,* qui est surmontée de l'étoile flamboyante, le soutien du temple (10). En effet, un ouvrage qui réunit la solidité, la sagesse et la beauté, est un ouvrage parfait. Tel est l'ouvrage de Dieu, telles doivent être les œuvres du F∴-Maç∴, autant que la faiblesse humaine peut le permettre.

Le chapiteau qui couronne les colonnes, est les symbole de la couronne de vertus qui doit orner le maçon; les grenades, dont le chapiteau est surmonté, font allusion, par la grande quantité de grains qu'elles renferment, au nombre infini de maçons répandus sur la surface du globe, et aux bons fruits que nous devons retirer de la pratique de la maçonn∴

La houpe dentelée, qui borde les murs du temple, marque le lien d'affection particulière qui unit les maç∴ de tous les pays.

Enfin le nom de JÉHOVAH, qui brille à l'Orient, nous rappelle le G∴ A∴, qu'on ne peut représenter par une image sensible, sans exposer les peuples au danger de la superstition. Les Hébreux, auxquels leur législateur avait enseigné le grand principe de l'unité de Dieu, ne réveillaient en eux l'idée du premier être que par l'inscription du nom de Jéhovah, tellement révéré qu'il ne leur était pas même permis de le prononcer.

Ce nom est inscrit dans nos temples maç∴, il se trouve aussi dans beaucoup d'églises, les anciennes surtout, au milieu d'un delta ou triangle équilatéral, dont les angles indiquent, par leur égalité mathématique, les belles et harmonieuses proportions qui règnent dans l'ensemble et dans les détails de l'univers, et par leur nombre de trois, la *Trinité* qui a présidé à ce merveilleux ouvrage, c'est-à-dire, la puissance, la sagesse et la bonté (11).

A la suite de cette instruction, il est fait un tuilage général, tous les FF∴ étant debout et à l'ordre. Les deux surv∴, et. au besoin, le 1ᵉʳ expert et le 1ᵉʳ m∴ des cérém∴, se font donner, par tous les membres de la L∴, les mots, signes et attouch∴ des deux rites. et ensuite chaque colonne exécute la marche et le salut, en s'avançant l'une sur l'autre.

Cela fait, ils réunissent chacun un groupe, au milieu duquel ils se placent, et y font les cinq questions principales du gr.·., dont ils font répéter les réponses à plusieurs FF.·., surtout aux plus nouveaux :

1°. Êtes-vous maçon ? (1, p. 9.)
2°. A quoi le reconnaîtrai-je ? (13, p. 15.)
3°. Quel âge avez-vous comme ap.·.? (45, p. 20.)
4°. A quoi travaillez-vous ? (43, p. 20.)
5°. Que fait-on en L.·.? (47, p. 21.)

Ils demandent à quelques FF. l'explication des réponses aux trois dernières questions.

Ils avertissent le vénér.·., par l'organe du 1er surv.·., que les réponses sont justes et parfaites, et chacun reprend sa place.

CHAPITRE II.

INITIATIONS.

Parmi les différents trav.·. d'une L.·., la réception d'un prof.·. est l'acte le plus auguste et le plus important, celui qui donne le plus directement lieu à l'étude du cœur humain, à l'exposition de la philosophie morale et religieuse. Cette partie essentielle du culte maçonnique comprend plusieurs sujets que nous allons traiter chacun séparément.

§ I. *Des qualités que doit avoir l'aspirant à l'initiation.*

Un F.·. doit respecter assez la L.·. à laquelle il appartient, pour ne lui présenter un prof.·.

qu'autant qu'il le connaît bien dans sa vie *sociale et privée*, et qu'il peut garantir sa probité, ses bonnes mœurs, cette véritable indépendance qu'un homme de conduite réglée tire de ses revenus, ou d'une profession honorable, quand même il ne l'exercerait qu'en sous-ordre, pourvu que cette dernière position ne soit ni servile, ni d'une frivolité qui ait passé dans son caractère et ses habitudes, comme il arrive ordinairement; qu'elle puisse être regardée comme aussi assurée qu'il est possible, d'après l'estime et la confiance dont il jouit auprès de ceux qui l'emploient, d'après un talent spécial dans son état, d'après une certaine aisance, qui lui permette de satisfaire, sans nuire à sa famille et à lui-même, aux obligations pécuniaires qui lui seront imposées, d'après diverses circonstances enfin, qu'apprécie à leur juste valeur une L.˙. qui veut avoir une composition respectable, et en même temps ne priver des bienfaits de l'initiation aucun homme digne d'y participer.

Il est heureux lorsque l'aspirant réunit l'instruction à ces qualités; mais s'il en a peu, ce n'est pas une raison pour le rejeter. La maçonn.˙. a été instituée pour achever et pour rectifier l'éducation de ceux qui n'en ont pas reçu une assez bonne ou assez étendue, et par là, elle rend un service éminent à la société. Il est du moins indispensable que le prof.˙. proposé soit apte à cultiver sa raison, qu'il en ait le désir, avec un caractère moral qui lui donne du goût pour des réunions consacrées à l'étude de la sagesse, à la pratique de la bienfaisance. La curiosité, l'espérance de se faire des amis qui pourront rendre des services, déterminent beaucoup de prof.˙. à entrer dans la maçonnerie.

1.

Mais s'ils ont le cœur froid, l'esprit peu intelligent, s'ils ne connaissent et ne veulent connaître que le matériel de la vie, s'ils croient, dans leur ignorance brute, ou leur demi-science vaniteuse, n'avoir pas besoin qu'on éveille quelquefois en eux ces hautes ou douces pensées, qu'on leur cite ces traits honorables pour l'humanité, dont les hommes les plus vertueux et les plus éclairés aiment à être entretenus, lors même qu'on ne leur apprend rien de nouveau, que feront ces machines vivantes dans un temple placé en quelque sorte entre le ciel et la terre? Elles ne comprendront pas le culte qu'on y rend à la nature et à son sublime auteur, à la vérité, à l'amitié pure, aux nobles sentimens; elles le déserteront bientôt, ou n'y apporteront que de mauvaises passions.

C'est quelque chose dans le monde, que de ne pas se faire remarquer par des vices; mais pour être un vrai mac∴, il faut se distinguer par des vertus réelles. Supposons ces vertus à un aspirant, admettons qu'il ait un bon cœur, une belle ame : il pourrait encore être déplacé dans une L∴, s'il n'avait pas aussi un *bon esprit*, s'il était tracassier, irascible, d'un caractère à ne pas observer les convenances, à ne pouvoir soutenir ses opinions sans blesser les personnes, à lutter opiniâtrément contre l'avis général, à ne pas soumettre franchement et de cœur sa volonté à celle de ses FF∴, à porter enfin le trouble et le scandale dans des discussions qui doivent toujours être fraternelles lors même qu'elles sont animées.

Que ceux qui pensent à proposer un récipiendaire, ne perdent de vue aucune de ces diverses considérations, qu'ils s'attachent à dissiper les fausses idées que celui-ci pourrait avoir de la maconn.·., que, sans entrer dans aucun détail particulier, ils lui en fassent connaître d'une manière générale, le caractère essentiellement moral et philantropique. Ils feront bien aussi, lorsque le jour de l'initiation approche, de l'avertir qu'il doit se présenter proprement vêtu, avec du linge blanc, de lui conseiller de prendre un bain, de préluder, en soulageant un malheureux, à la vie de bienfaisance et de charité dans laquelle il va s'engager. Cet avertissement, ce conseil, ne contribueront pas peu à lui inspirer du respect pour l'acte auquel il se dispose.

§ II. *Préparation du Récipiendaire.*

Au lieu de donner ces avis, les présentateurs se plaisent en général à inquiéter les récipiendaires sur les épreuves physiques qu'ils auront à subir. Il en résulte que la plupart de ceux-ci arrivent avec la persuasion que la maçonn.·. est un jeu, et qu'on va les tourmenter pour s'amuser à leurs dépens. Afin de le guérir de cette erreur dès le début, et de les disposer au recueillement convenable, la L.·. Isis-Montyon leur fait lire ce qui suit, aussitôt qu'ils sont entrés dans la chambre de préparation :

« Prenez patience, réfléchissez à l'appareil lugubre et aux images de la mort qui vous entourent; lisez attentivement ce qui suit, et remplissez les blancs par vos réponses à chaque question qui vous est posée.

»La Franc-Maçonnerie 'est une institution sérieuse, et qui doit être bien bonne, puisqu'elle existe sous différentes formes depuis plus de trois mille ans (voir la note 2), et qu'elle a survécu à toutes les institutions de ce monde. Ses lois sont celles de la nature, et en même temps de la civilisation perfectionnée. Sans s'occuper de questions politiques, elle travaille à l'amélioration de l'ordre social, en éclairant les esprits, en échauffant les cœurs de l'amour du bien, en les pénétrant du grand principe de la fraternité humaine, en exigeant de ses disciples que leur langage et leurs actions soient conformes à ce principe, qu'ils s'éclairent, qu'ils triomphent de leurs passions, qu'ils abhorent le vice, et qu'ils plaignent le vicieux comme atteint d'une maladie déplorable.

» C'est la religion universelle, éternelle, immuable, telle que Dieu l'a mise dans le cœur de tous les hommes. Ses ministres sont tous les maçons qui la comprennent, et qui lui sont dévoués ; ses offrandes à Dieu sont les bonnes œuvres, le sacrifice des passions basses et désordonnées, et de perpétuels efforts pour arriver à toute la perfection morale dont l'homme est susceptible.

» Si vous n'êtes pas disposé à marcher dans cette voie, éloignez-vous.

» Si vous y êtes bien décidé, approchez de son temple avec respect, avec recueillement, avec docilité, avec le courage et la présence d'esprit nécessaires pour vous bien tirer des épreuves que vous aurez à subir. Écrivez vos réponses aux questions suivantes :

Questions sur les nom, prénoms, date et lieu de naissance, profession, demeure.

Dans quel culte avez-vous été élevé ?
Êtes-vous marié ?
Avez-vous des enfans, et combien ?
Si vous admettez un premier Être, auteur

et conservateur de l'univers et de vous-même (12), vous avez des devoirs à remplir envers lui. Quels sont ces devoirs?

» Quels sont vos devoirs envers vos semblables ?

» L'homme étant composé d'un corps et d'une ame, a deux sortes de devoirs à remplir envers lui-même. Quels sont ces devoirs ?

OBLIGATION PROVISOIRE.

» Je promets de me conduire dans le monde avec probité et régularité, de parler et d'agir dans la Loge, si j'y suis reçu, en bon et fidèle maçon, avec bienveillace et fraternité, de remplir exactement toutes mes obligations de maçon ; et si, par suite, il me devenait impossible de suivre les travaux de la maçonnerie, de me retirer honorablement, en offrant ma démission, sans m'exposer à être rayé.
» Paris, le   *Signature :*

» Rédigez votre testament tel que vous le feriez si vous étiez à l'heure de votre mort, et signez à la fin. »

Ce préliminaire donne à l'aspirant sur la maçonn∴ une opinion tout opposée à celle qu'il avait en arrivant, et il se présente au temple non plus avec une vaine affectation du courage qu'il croyait nécessaire d'après les menaces *terribles* qu'on lui avait faites. mais avec un respect mêlé d'une certaine inquiétude, principalement sur les épreuves morales, auxquelles il s'attend par suite des questions qui lui ont été posées. Dans cette chambre, où il doit être enfermé seul, et livré à ses réflexions, sans que personne vienne le distraire, des sentences morales, les débris de la mort, lui rappellent sa faiblesse, son existence passagère. Le testament qu'on lui demande, le sablier (qui doit être devant lui, non pas en peinture, mais en réalité), la rapidité avec laquelle s'écoule le sable qu'il renferme, l'avertissent que chaque moment le pousse vers le terme de sa vie fugitive, et que l'éternité ne tardera pas à s'ouvrir devant lui. Dans une pareille situation, il est naturellement porté à se demander : Qu'est-ce que l'homme ?.... d'où vient-il ?..... où va-t-il ?..... qu'a-t-il à faire dans ce court et souvent pénible voyage, qu'on appelle la vie ?

Pour peu qu'il réfléchisse, il se répondra : homme, je suis une intelligence revêtue d'un corps. — L'intelligence est unie à la matière par un lien qu'il ne nous est pas donné de connaître, mais elle en est essentiellement distincte ; elle ne peut venir que de l'intelligence suprême : je viens donc de Dieu. — Ce qui me fait homme, mon ame, dépouillée de son enveloppe matérielle, retournera à Dieu, de qui elle émane. — J'ai à rendre mon existence utile en faisant ce que Dieu m'a évidemment commandé lorsqu'il m'a donné la conscience pour aimer le bien, la raison pour le connaître, la liberté pour le choisir, la volonté pour le pratiquer.

D'après ces considérations, il rédigera facilement ses réponses aux trois questions : Qu'est-ce que l'homme doit à Dieu ?..... Que doit-il à ses semblables ?... Que se doit-il à lui-même ?

Il comprendra qu'il doit à Dieu, auteur et conservateur de l'univers, et par conséquent de tous les biens qu'il a mis à la disposition de l'homme raisonnable, à Dieu qui lui a donné sur tous les animaux le privilége de l'intelligence, non pas cet amour mystique qui détourne de la vie active, et endort ou affaiblit la raison, mais une *reconnaissance* qui le porte à remplir tous ses devoirs d'homme et de citoyen, en vue d'être fidèle à sa destination ; qu'il lui doit encore *confiance* dans sa justice et dans sa bonté, afin de supporter avec patience les contrariétés de la vie, d'opposer au malheur une constance qui l'aidera à en sortir, qui fortifiera son courage, et sera peut-être une source de bien pour lui.

Ses devoirs envers ses semblables, il les déduira sans effort de sa foi en un Dieu père de tous les hommes, d'où il suit que tous sont ses frères ; qu'ainsi il leur doit, d'abord *justice*, en ne leur faisant jamais ce qu'il ne voudrait pas qu'on lui fît, puis *bienveillance*, en leur faisant tout le bien qu'il désire pour lui-même de la part des autres. De là les vertus sublimes qui font le grand et essentiel mérite de l'individu, et contribuent puissamment à la gloire et à la prospérité des nations, le dévouement à l'humanité, à la patrie, à la famille, à la faiblesse et au malheur, la charité, la bienfaisance, la magnanimité qui pardonne les torts, l'équité et la générosité envers ceux dont on emploie les services, la délicatesse dans toutes les relations d'intérêt et d'amitié.

En consultant d'abord son instinct, puis sa nature privilégiée d'être progressif et ayant le sentiment de la moralité, il reconnaîtra ses devoirs envers lui-même dans ces trois mots : *se conserver* par le soin d'éviter tout excès, toute imprudence, et n'exposer sa vie que pour de puissans, de généreux motifs ; *se perfectionner* par le bon emploi de ses facultés ; *se respecter*, pour être toujours digne de sa propre estime et de celle des autres. De là, comme de la seconde classe des devoirs, de beaux développemens, qui pourront avoir lieu dans la réception. Tous les êtres vivans ont reçu de l'auteur de la nature l'instinct de leur conservation, et les moyens d'y pourvoir, admirables par leur efficacité autant que par leur variété infinie, suivant la différence des espèces. L'homme a cet instinct et ces moyens comme eux. S'il a plus de besoins, il a aussi plus qu'eux, l'intelligence, pour étendre et multiplier les moyens d'y satisfaire. Il doit donc la cultiver, travailler pour se rendre habile, pour inventer, pour perfectionner, et se procurer, non pas seulement les premières nécessités de la vie, mais encore une honnête aisance, qui lui permette de bien élever sa famille, et de jouir d'un doux repos quand le temps sera venu.

Que faut-il à l'homme pour être dans un état normal? un esprit sain dans un corps sain. Il se maintiendra dans cette double situation, qui fait le bonheur, par un travail proportionné à ses forces, par la sobriété, par la modération en toutes choses, par des délassemens salutaires, par des plaisirs honnêtes, par les jouissances de l'esprit et du cœur.

Cas d'exception à la loi de conservation, où c'est un devoir de sacrifier sa tranquillité, sa fortune, sa santé, sa vie, quelquefois même sa réputation. — Égoïsme, méprisable. — Duel, absurde et féroce. — Suicide, faiblesse d'esprit, et violation de la loi naturelle, etc.

L'aspirant ainsi préparé par les réflexions qu'aura provoquées ce qu'il aura lu et vu, sera en état de subir les épreuves de la réception.

§ III. *Réception. Epreuves physiques et morales.*

En conservant avec soin les bonnes traditions, celles qui ont un but vraiment philosophique et moral, qu'on néglige tout ce qui est puéril, tout ce qui est faux. Qu'on imite autant qu'il est possible, les épreuves imposantes des anciens ; mais qu'on s'attache principalement à sonder les replis du cœur des aspirans, à émouvoir leur ame, à leur persuader que s'ils viennent parmi les maç.·. pour chercher les plaisirs de l'amitié, ils ne trouveront ces plaisirs, ils n'acquerront des amis qu'autant qu'ils seront vertueux, et surtout compatissans. C'est particulièrement à leur honneur qu'il faut en appeler. On peut, suivant les circonstances, leur donner des leçons sévères ; mais loin de les humilier, qu'on leur inspire une haute idée d'eux-mêmes, qu'on les porte à respecter en eux la dignité de la nature humaine. Qu'en un mot les formes de leur initiation les aient bien convaincus au moment où ils reçoivent la lumière, que les maç.·. n'ont voulu ni les tourmenter inutilement et pour leur bon plaisir, ni les effrayer par de vaines et ridicules menaces, ni les tromper par des mensonges, mais que leur but, leur unique but, est d'amener le triomphe de la vérité, sans laquelle il n'y a rien de bon ni de beau, d'affermir dans leur ame l'amour du devoir et de la vertu, d'en faire enfin des hommes, tandis qu'il y a tant de grands enfans dans le monde.

En vain dira-t-on qu'il est des prof.·. sur lesquels on ne peut tenter que des épreuves physiques. Si l'on nous présente un aspirant qui n'ait pas dans le cœur un fibre qu'on puisse remuer, nous ne devons pas en faire un maçon. Nous passerons sur la science s'il n'en a pas : il acquerra plus tard celle qui lui est la plus nécessaire. Mais sa réception n'en sera pas moins intéressante sans la dégradante surcharge des épreuves physiques, s'il a de la moralité, le sens droit que donnent la nature et de bonnes habitudes, des sentimens honorables, un cœur qui palpite, si enfin il a de l'ame. Tout prof∴ qui a ces qualités, est digne de l'initiation, qu'il soit prince ou artisan; celui qui ne les a pas, ne doit pas franchir le seuil de nos temples, à quelque degré de l'échelle sociale qu'il soit placé.

Nous savons quel prodigieux effet produisaient les épreuves dans les anciennes initiations, au point que le parricide Néron recula d'épouvante à la voix qui défendait aux meurtriers l'approche du lieu saint. Nous avons donné à ce sujet des détails assez étendus dans notre second supplément de l'Encyclopédie Maçonn∴, intitulé : *Histoire des Initiations de l'Ancienne Égypte*. Voici en abrégé ce qui se passsit dans les mystères égyptiens, avec les variations qui avaient lieu dans ceux d'Éleusis en Grèce.

Les épreuves duraient plusieurs mois, et quelquefois une ou plusieurs années. On préparait l'aspirant et l'on s'emparait de son imagination par une longue suite de jeûnes et d'observances sévères. On l'enfonçait dans des lieux de ténèbres, et on l'y retenait longtemps. On le plongeait jusqu'à sept fois dans un fleuve ou dans un gouffre; on le forçait, sous peine de ne plus revoir la lumière, à traverser un torrent à la nage. On le suspendait dans le vague; on le mettait en contact avec des serpens. On le faisait passer brusquement de l'obscurité la plus profonde à la plus vive lumière ; on le précipitait du comble d'un édifice élevé ; on le promenait dans les airs sur un char embrasé ; on le jetait dans ce lac de feu qui ébranla le courage de Triptolême ; on lui faisait entrevoir, au milieu des éclairs et des éclats de la foudre, des spectres et des fantômes. On le glaçait d'effroi par le bruit des vents déchaînés, par des hurlemens affreux, par le sifflement des reptiles ; on déchirait son ame par des gémissemens ; on lui représentait la douleur meurtrière, les soucis dévorans, la pauvreté, les maladies, la mort, sous des formes hideuses. On ouvrait devant lui des portes d'airain avec un fracas épouvantable, pour offrir à ses yeux les horreurs du Tartare (13). On frappait ses oreilles par les cris lugubres et perçans des malheureux sur lesquels les Furies armées de fouets s'acharnaient impitoyablement. Ces tableaux étaient animés par la voix sonore et majestueuse de l'Hiérophante, qui semblait exercer le ministère de la vengeance céleste, et faisait retentir ce cri fameux : *Apprenez à être justes, et à respecter les ordres divins*, c'est-à-dire, les lois éternelles de la morale. On tirait de lui une confession ; on lui faisait subir en réalité ces tourmens de conscience que les poètes supposent qu'on éprouve devant les trois juges des enfers ; on éveillait ses remords si malheureusement il était coupable, et on le soumettait à de rudes expiations. S'il n'avait que des faiblesses à se reprocher, on lui inspirait la résolution de s'en corriger. Enfin, s'il était jugé digne, on le faisait passer dans des bosquets délicieux, sur des prairies riantes, séjour fortuné des Champs-Élysées, où brillait une clarté pure, où des voix mélodieuses rendaient des sons ravissans; puis on l'introduisait dans l'enceinte sacrée, où enivré d'une joie sainte, il voyait et entendait des choses qu'il ne lui était pas permis de révéler.

Il est facile de reconnaître dans cette esquisse une grande partie des épreuves en usage chez les maç.·. modernes. Mais combien cette imitation est pâle à cause des faibles moyens qu'ils ont à leur disposition! Si jamais la maçonn.·. devient riche, elle aura à faire un appel aux mécaniciens, aux physiciens, aux chimistes, pour qu'imitant les anciens, sans les copier servilement, ils imaginent des épreuves qui, aussi décisives, s'adaptent mieux à nos mœurs, à nos habitudes, à nos croyances, aux droits infiniment moins étendus que nous avons sur les récipiendaires. Mais tant qu'elle sera pour ainsi dire en *chambre garnie*, tant qu'elle n'aura pas de vastes locaux en propriété, avec la possibilité d'y établir un matériel et des appareils capables de produire une partie des grands effets que nous venons de signaler, elle devra se borner aux épreuves les plus simples, à celles dont l'allégorie est directe et facile à saisir, insister particulièrement sur les épreuves morales, et y mettre d'autant plus de sévérité que dans l'état actuel, elles doivent être à peu près exclusives. Au moment de la réception, le Vén.·. est à l'égard de l'aspirant dans une situation de supériorité dont il doit profiter pour l'intérêt de la morale. Il dégraderait son caractère et ses fonctions par un ton doucereux et par des paroles caressantes. Tout en lui montrant de la bienveillance, et en l'encourageant par l'éloge des bons sentimens qu'il manifeste, et de ce qu'il fait de bien, il doit lui rappeler d'un ton auguste et imposant, ses devoirs les plus essentiels, le sonder sur la manière dont il les remplit, l'interroger sur ses principes, lui faire avouer ses fautes, ses défauts dominans (ce qui est difficile, car la plupart des récipiendaires dissimulant, ou ne s'étant pas étudiés eux-mêmes, déclarent qu'ils ne se connaissent pas de défauts), exiger de lui l'engagement formel de s'instruire et de travailler à se rendre meilleur. Une initiation dirigée dans cet esprit produit sur l'aspirant plus d'effet, et présente à l'observateur philosophe un spectacle plus intéressant que de mesquines épreuves, qui peuvent exciter le rire de la grosse gaîté, mais qui, faute de moyens suffisans, ne sont que des imitations burlesques de ce qui, chez les anciens, était très respectable en soi-même. C'est ici que le plus ou le moins n'est pas indifférent, qu'il n'y a pas ou presque pas de milieu raisonnable entre tout et rien. Avec de grandes épreuves physiques, on fournit au récipiendaire l'occasion de se montrer dans toute sa dignité, on a un moyen sûr d'apprécier sa force morale, tandis qu'avec des épreuves que leur mesquinerie rend insignifiantes et abaisse jusqu'au genre grotesque, on ne peut rien conclure de son caractère, et l'on commet un crime gratuit, celui de le mettre dans une situation pénible et humiliante, plus humiliante encore pour ceux qui s'en font volontairement les ministres et les témoins, que pour le patient qui est obligé de s'y soumettre. Quelle idée doit prendre de la maçonn∴ à son début, un homme à qui vous l'avez représentée comme une école de sagesse, un homme que vous devez estimer et respecter, puisque vous l'avez appelé pour l'admettre parmi vous, et que vos procédés autorisent à croire que vous avez voulu en faire votre jouet? Respectons-nous, et respectons nos semblables. Le Créateur a donné à l'homme une tête droite et un port majestueux, symbole heureux de l'élévation de son ame. Nous venons dans nos temples pour nous entretenir dans des sentimens conformes à cette élévation. N'obligeons donc pas ceux qui doivent y être admis, à courber ignominieusement la tête.

Parmi les épreuves physiques bonnes à conserver, autant parce qu'elles relient nos mystères modernes avec ceux des anciens, qu'à cause des interprétations auxquelles elles donnent lieu, sont les trois voyages, qui s'armonisent avec tout ce qui a précédé. Ils sont la partie fondamentale de ces sortes d'épreuves, ils en sont même la partie à-peu-près unique dans les LL∴ qui ont une assez haute idée de l'importance et de la dignité de la maçonn∴ pour ne pas y admettre des puérilités, des bouffonneries et de grossiers mensonges, qu'un récipiendaire ne peut prendre au sérieux pour peu qu'il raisonne (14). Si l'on entremêle ces voyages d'épreuves morales, ils divisent naturellement la réception en trois parties distinctes, dans chacune desquelles on fait expliquer les aspirans sur leurs réponses écrites aux trois grandes questions relatives aux devoirs. Ces questions sont les meilleures qu'on puisse leur adresser : elles embrassent la vie du corps et celle de l'ame, toute l'existence individuelle, domestique et sociale ; elles sont le sommaire d'un cours complet de théologie naturelle et de phylosophie pratique. Elles sont à la portée des moins instruits, et se prêtent avec ceux qui ont de l'instruction, aux développemens les plus beaux et les plus variés entre eux et le vénérable (15).

Les aspirans étaient soumis dans les initiations anciennes, à trois sortes de purifications, par l'air, l'eau et le feu ; purifications corporelles qui n'étaient elles-mêmes qu'un symbole du soin avec lequel on doit conserver la pureté de son cœur, ou en purger les souillures par le retour à la vertu, sans quoi elles seraient un acte de superstition insensée, très commode pour endormir la conscience du coupable, qui se croirait revenu à l'état d'innocence par le seul effet de ces cérémonies extérieures. Les deux premiers voyages rappellent les purifications par l'air et par l'eau ; et le troisième, celles par le feu.

Le premier est l'emblème de la vie humaine. Le bruit et le fracas, les aspérités et les inégalités de la route figurent le tumulte des passions, le choc des divers intérêts, les difficultés que l'on éprouve dans les entreprises les mieux conçues, toutes les peines dont en général l'existence est traversée dans les plus hautes comme dans les plus humbles conditions. C'est un avertissement que cette vie terrestre n'est qu'un passage, un temps d'épreuves, qui nous donnent plus de valeur et de capacité lorsque nous luttons avec courage et persévérance. C'est seulement par l'ardeur et la constance à surmonter les difficultés, que l'on parvient à de beaux et d'utiles résultats dans toutes les productions de l'esprit ou de la main.

Dans le second voyage, le récipiendaire a rencontré moins d'embarras : heureux effet de sa constance à marcher droit dans le sentier de la vertu, à poursuivre les entreprises honorables qu'on a commencées. Nous éprouvons moins de difficultés, soit parce qu'elles se sont aplanies, et que le bien succède au mal pour l'homme qui ne s'abandonne pas lui-même, soit parce que notre fermeté nous a rendus plus forts pour les vaincre. Cependant on a entendu encore un cliquetis d'armes, qui figure les combats que l'on a toujours à soutenir contre ses propres passions ou contre celles des autres. La purification par l'eau termine ce second voyage.

Le troisième est consacré à la purification par les flammes. Elles représentent le feu créateur au moyen duquel le G∴ A∴ a semé la vie avec profusion dans toute la nature, sur la terre, dans les eaux, dans les vastes pleines de l'air, dans le séjour de la putréfaction comme dans les régions les plus pures, depuis l'énorme baleine et le gigantesque éléphant, jusqu'à l'insecte qui échappe à nos yeux et même à nos mycroscopes, feu divin dont l'étincelle la plus brillante est l'intelligence humaine, qui répand tant d'avantages et tant de charmes sur l'existence. Ces flammes symbolisent encore le feu sacré de la charité dont l'homme doit brûler pour son semblable.

Tel est le cadre d'une initiation dans nos temps modernes. On doit éviter qu'elle dure trop longtemps, afin de ne pas fatiguer le récipiendaire, qui est dans une position dont il est impatient de sortir, et de ne pas rendre impossibles d'autres travaux, sans lesquels une tenue ne peut satisfaire les maçons qui viennent chercher en L∴ des instructions solides et variées, et qui finissent par ne prendre qu'un bien faible intérêt à des initiations souvent répétées, et presque toujours avec les mêmes formes, avec les mêmes questions, lorsque l'aspirant a peu de moyens. Dans certaines contrées où la maçon∴ est très bien pratiquée, une réception se fait ordinairement en vingt ou trente minutes, tandis que dans d'autres, des préparateurs, qui veulent *s'amuser*, mettent plus de temps, seulement pour présenter le récipiendaire à la porte du temple. Il en résulte qu'une initiation absorbe toute une séance, sans que l'Orateur puisse même adresser une courte instruction au Néophyte *.

Ce cadre est simple, mais il est, comme nous l'avons dit, le résumé de la vie humaine bien réglée ; il donne lieu à une grande variété de questions plus ou moins intéressantes, plus ou moins savantes, suivant la capacité de l'aspirant, mais toujours utiles lors même qu'on ne peut parler qu'à son bon sens et à son cœur ; car elles tendent à mettre en évidence sa foi religieuse, son caractère moral, la délicatesse de sa conscience, ses sentimens les plus intimes, ses penchans, les habitudes de toute sa vie. Elles doivent avoir pour effet de le corriger de ses erreurs, de ses préjugés, de ses défauts, d'en faire un homme *sincèrement*, *solidement*, *raisonnablement* religieux, et un philosophe pratique, deux qualités qui font l'homme parfait, et pour l'acquisition desquelles il ne faut qu'un sens droit et de la bonne volonté.

---

* Le terme de *Néophyte*, qui signifie *nouveau né*, ne doit s'employer que lorsque l'initiation est consommée. Auparavant, l'homme présenté à l'initiation ne peut être désigné que sous une des dénominations de *Prof∴* de *Récipiend∴* ou d'*Aspirant*.

CHAPITRE III.

DU GOUVERNEMENT D'UNE LOGE.

Il entre dans la direction d'un atel∴ maç∴ deux élémens tout-à-fait distincts, mais qui ont également besoin d'une bonne orgarnisation et d'une marche régulière pour qu'il devienne et se conserve florissant. Ce sont la partie administrative, et la partie intellectuelle et morale.

§ I. *Partie administrative.*

Nº I. — ORGANISATION DU CORPS ADMINISTRATIF.

Aucune société ne peut subsister si elle est mal administrée. Nous ne parlerons pas des LL∴ dans lesquelles, le trésorier ne l'étant que de nom, c'est en réalité le président qui fait à peu près toutes les recettes, varie à son gré le prix des grades, ordonne les dépenses suivant son bon plaisir, rend ses comptes quand il veut et comme il veut. C'est un abus qui est rare, et auquel nous ne croirions même pas, si nous n'avions entendu des FF∴ s'en plaindre en nous demandant des conseils. Nous n'avons pu que leur faire cette laconique réponse, qui indiquait le moyen facile de rémédier au mal : « Une L∴ »qui souffre un pareil état de choses, n'a à s'en »prendre qu'à elle-même, puisqu'il lui suffit, »pour le faire cesser, de le vouloir. »

On ne peut être à la fois comptable et contrôleur. Or il appartient au vén∴ de surveiller l'administration. Comment le pourra-t-il, s'il y prend lui-même une part directe et presque exclusive? Il ne doit toucher des métaux que dans des cas tout exceptionnels, et les verser sur-le-champ dans les mains du trésorier, avec une note certifiée.

L'usage le plus général dans les atel.·. est d'avoir un comité ou conseil d'administration, composé d'environ neuf membres. Cette organisation serait excellente si ces administrateurs voulaient bien s'occuper *exactement* et *constamment* des intérêts de la Loge, sans en être jamais détournés par les affaires ou par les plaisirs. Mais combien y a-t-il d'atel.·. qui aient ce bonheur, et qui l'aient toujours? Un comité composé de neuf membres est souvent, par le fait, réduit à trois ou quatre, parmi lesquels un ou deux dominent. De là, sans supposer des infidélités, des malversations, résulte une administration négligée, sans suite dans les vues et dans l'exécution, et qui marche au hasard; de là des mécontentemens, des défiances, qui, même n'étant pas fondées, produisent dans l'Atel.·. l'insouciance générale, ou des reproches, des dissensions, le découragement et l'abandon.

Il est donc nécessaire que l'administration soit forte et imposante : elle le sera si son personnel est assez nombreux pour qu'il y ait toujours vingt membres au moins dans chacune de ses réunions, malgré les absences. Là, on joue *cartes sur table;* il n'y a ni mystères, ni caprices, ni priviléges. Aucune dépense n'est faite sans qu'elle soit ordonnée par tous, les comptes sont rendus à époques fixes, et sur pièces justificatives. La confiance règne parmi les ouvriers, parce qu'ils voient une marche régulière et une direction sage, qui est soumise chaque mois à leur sanction.

C'est d'après ces vues, que la L∴ Isis-Montyon a organisé son administration. Elle a créé pour les intérêts généraux de ses trois atel∴ une *Chambre Centrale Administrative*, composée : 1° de tous les dignit∴ et offi∴ de la L∴, au nombre de 21 à 23, compris les adjoints, parmi lesquels il y en a toujours pour représenter les deux Atel∴ supérieurs ; 2° de neuf, et s'il est besoin, de quinze maîtres non fonctionnaires, pris à tour de rôle parmi les membres généralement assidus, dans l'ordre alphabétique du tableau, et dont le tiers le plus ancien sort à chaque trimestre, pour être remplacé par d'autres. Ainsi l'administration est entre les mains de ceux auxquels la L∴ a donné récemment un haut témoignage de confiance en les nommant à des offices ; et par le roulement des membres non fonctionnaires, ces derniers y prennent tous successivement une part directe, chacun pendant neuf mois. Les séances de la ch∴ sont fixes, quinze jours avant chaque tenue. Ses tracés sont communiqués à la L∴, qui approuve, rejette ou modifie ces décisions ou propositions ; car la ch∴ décide pour certains cas, sauf sanction, et propose pour tout ce qui a quelque importance.

Il résulte de cette organisation de précieux avantages :

La L∴, sans perdre son droit de souveraineté sur les questions même les plus minutieuses, est délivrée, dans ses tenues, d'une infinité de détails et de discussions qui absorbaient beaucoup de temps au préjudice des trav∴ d'intérêt général. Ces trav∴, après l'examen et la sanction en famille de ceux de la ch∴ admin∴, sont exclusivement consacrés au culte maçonnique : c'est à dire qu'ils sont édifians et calmes ;

car ce culte ne donne pas lieu à des controverses.
Une fois qu'ils sont commencés, les discussions
personnelles, ou même dans l'intérêt particulier
de la L.·., sont interdites, et réservées pour la
ch.·. admin.·.

Cette ch.·. peut délivrer des secours jusqu'à
une certaine limite. Outre que les demandeurs
ne sont pas obligés d'attendre la tenue suivante,
leurs titres à la bienfaisance maçonn.·. sont
mieux appréciés, tout ce qui concerne le personnel et les intérêts de l'atel.·. sont plus approfondis,
parce qu'on s'explique plus librement que dans
une grande assemblée, où il faut abréger les détails, soit par convenance, soit à cause de ses
nombreux travaux.

Dans la chambre en effet, on cause familière-
ment, sans façon, sans phrases, avec sang-froid,
quelquefois même avec gaîté. Cette familiarité
fait qu'on ne s'irrite pas des contradictions,
d'une réfutation lors même qu'elle est un peu
vive, qu'on ne met pas, ou que l'on met moins
d'entêtement à faire prévaloir son avis, comme
il arrive dans une tenue grave et solennelle, où
les uns n'osent pas parler, d'autres insistent avec
opiniâtreté, où l'amour-propre contredit se pi-
que facilement, et réplique quelquefois avec une
aigreur qui amène des scènes scandaleuses, la
honte et le fléau de tout atel.·. qui ne sait pas les
prévenir, ou qui les souffre.

Un autre avantage de ces réunions, où l'on a
son franc-parler, où il règne un aimable abandon, c'est qu'on y apprend à se connaître les uns
les autres, qu'on se lie d'une amitié utile à la L.·.
et agréable à chacun, ce qu'on ne peut faire dans
les trav.·. sérieux d'une tenue, qui exigent du

silence et de la réserve, et où il n'est pas rare, dans les grandes villes, que des maçons d'une même L∴, y venant assez assidument chaque mois, se connaissent à peine au bout de deux ans, lorsqu'ils n'ont pas eu de relations entre eux dans le monde.

Cette chambre enfin est un *tribunal de paix et de famille,* un *conseil de discipline,* dont les formes, réduites à une causerie d'amis sans éclat, font que l'on donne sans se fâcher, et que l'on reçoit sans être humilié, des avertissemens, des réprimandes même, s'il y a lieu, et qu'ainsi le mal est arrêté dans son origine. C'est en même temps un *conseil d'état,* qui prépare les trav∴ de la L∴, un *conseil exécutif,* qui donne la vie à ses décisions.

Une pareille administration est la sauvegarde d'un atel∴ maçonnique. Par suite de la confiance qu'elle inspire, ses opérations étant au grand jour, et chacun pouvant les vérifier individuellement, ses décisions sont sanctionnées, et ses propositions acceptées par la Loge, presque toujours sans discussion, ou, s'il y en a, elles sont fort abrégées. Elle nous semble indispensable dans une L∴ nombreuse. Elle peut avoir lieu avec les mêmes avantages, dans une L∴ qui ne l'est pas. On peut y appeler une grande partie, ou même la totalité des membres s'ils ne sont pas plus de trente; car s'il est bon pour la gestion des finances, que beaucoup de FF∴ y participent directement, un plus grand nombre ôterait à la chambre le caractère qu'elle doit avoir pour ses autres attributions. Dans le cas où une L∴, à cause de sa faiblesse numérique, est obligée d'administrer elle-même, elle a deux réunions par mois, l'une en tenue solennelle pour les trav.·. d'intérêt général, l'autre en comité pour ceux d'intérêt particulier, deux genres de trav.·. auxquels un atel.·. jaloux de sa prospérité, évite de se livrer simultanément. Qu'est-ce qu'une tenue dans laquelle on s'occupe presque exclusivement de la partie en quelque sorte matérielle de la maçonnerie? Loin de la négliger, il faut y mettre beaucoup de soin ; mais elle doit être tout-à-fait distincte de la partie intellectuelle et morale. Lorsqu'une ch.·. adminin.·. est accessible à tous les membres, ensemble ou à tour de rôle, suivant le nombre, ceux qui n'y sont pas exacts, n'ont pas droit de se plaindre des opérations. Leur absence volontaire est une preuve de leur confiance dans leurs FF.·. assidus.

Nº 2. — EMPLOI DES FONDS MAÇONN.·.

Il est à l'égard de ces fonds, un principe incontestable, garant du présent et de l'avenir d'une L.·., un principe de probité, de délicatesse maçonn.·., et dont ses officiers, ses membres consciencieux, et particulièrement ceux qui composent son administration, doivent maintenir l'observation avec fermeté, c'est qu'un atel.·. ne peut être assimilé à ces propriétaires qui ont droit d'user et d'abuser de ce qui leur appartient, qu'il n'est que le dépositaire et l'administrateur des métaux versés dans sa caisse, pour les employer suivant leur destination. Or quelle est cette destination? C'est 1º de couvrir les frais de tenues, de convocations, d'impressions nécessaires, et autres; 2º d'alimenter la caisse hospitalière, que les quêtes n'entretiennent jamais assez pour fournir aux nombreux secours que réclament des maç∴ ou des prof∴ dans l'infortune; 3° soit qu'il y ait une caisse spéciale de famille, soit qu'il n'y en ait pas, de soulager les membres de la L∴ eux-mêmes, s'ils en ont besoin dans leurs maladies, ou à la suite de revers qu'ils n'ont pu prévenir.

Ces premières et indispensables obligations remplies, les LL∴ qui ont de l'aisance ont une variété infinie de bonnes œuvres à faire : elles peuvent récompenser des actes de haute vertu, encourager des ouvrages, des entreprises ou des institutions utiles, célébrer avec plus ou moins d'éclat, suivant leurs moyens, des fêtes philantropiques et morales, qui les honorent, elles et la maçonn∴ entière, et qui, par la considération qu'elles leur attirent, finissent par leur être profitables, même sous le rapport financier.

Peuvent-elles jamais croire d'après cela, qu'elles ont un superflu à dépenser en banquets, en plaisirs (nous traiterons des fêtes d'adoption)? Elles n'en ont pas le droit, et nous n'exagérons pas en déclarant que faire un pareil emploi de fonds dont la destination est aussi sacrée, c'est se rendre coupable d'impiété envers l'humanité, envers l'ordre entier de la maçonn∴, qui n'autorise pas les atel∴ à *rendre* les gr∴, pour qu'ils fassent de leur produit un frivole usage. Les frais des fêtes d'agrément doivent être entièrement supportés par ceux qui désirent y assister; ou du moins, si une L∴ veut faciliter à ses membres leur participation à ces sortes de fêtes, afin de les y réunir en plus grand nombre, on peut *tolérer* qu'elle y consacre une faible somme, combinée de manière que la cotisation annuelle des membres présens ne soit pas absorbée par la remise qu'on leur fait *. On ne peut être dans une société philantropique sans contribuer par une cotisation quelconque, aux bienfaits qu'elle répand ; et si les remises qu'une L∴ accorde à ses membres sur des banquets, ou autres réunions de ce genre, étaient considérables, ou se répétaient souvent, il s'en suivrait que des maçons recevraient de leur L∴ au lieu de lui donner, ce qui convertirait le système de bienfaisant de la maç∴ en un système d'ignoble égoïsme.

Remarquez bien qu'une L∴ en ne donnant que 3, 4 ou 5 fr. pour chaque F∴, fait une dépense de 3, 4 et 500 fr., s'il y a cent membres (la charge est proportionnellement la même s'ils sont moins nombreux), que c'est autant d'enlevé aux moyens qu'elle peut avoir de donner du pain à des malheureux, et cela pour aider d'une somme aussi minime, des maç∴ qui doivent être en état de payer leurs parties de plaisir s'ils veulent en avoir. C'est intervertir à son profit personnel les avantages de l'association, qui consistent en ce que chacun ajoutant son léger tribut à celui des autres, il en résulte une masse commune, avec laquelle on peut faire de bonnes œuvres qu'on ne ferait pas individuellement. Et vous, Franc-Maçon, vous qui dans tous vos gr∴ avez promis d'être charitable et bienfai-

---

* C'est surtout pour les banquets des Solstices que nous serions disposé à cette tolérance, si elle était malheureusement nécessaire ; car là du moins il y a de la maçonn∴ : mais les fêtes d'adoption, telles qu'on les fait, ne sont que des parties de plaisir. (Nous distinguerons dans ces fêtes, les réunions semi-maçonn∴ de dames, qui peuvent être fort utiles et très agréables, sans avoir les inconveniens et les dangers des premières. Voir 3e cahier, p. 318.)

2.

sant, vous voulez que votre L∴ prenne sur cette masse une somme importante, afin d'avoir 3 à 5 fr. de moins à payer sur un dîner, sur un bal ! Quoique cet argent vienne de vous, il n'est plus à vous dès qu'il est entré dans la caisse de la Loge. C'est une dette que vous avez payée, et sur laquelle vous n'avez plus de droit, à moins que vous ne tombiez dans l'infortune. Il appartient à l'institution, pour la rendre florissante et utile, au malheur pour le soulager.

Nous sommes honteux d'insister sur ces détails ; mais ils sont devenus d'une triste nécessité, puisqu'il y a des LL∴ où l'on a introduit l'abus que nous signalons, d'autres où l'on essaie de l'introduire, de leur faire perdre 1000, 1500fr. et plus, pour une seule fête d'adoption. A quoi mènent ces folies ? Les faits le disent assez haut. Il fut un temps où ces fêtes, dans lesquelles on est toujours entraîné à des dépenses bien au-delà des prévisions, étaient fort à la mode. Beaucoup de LL∴ s'y sont ruinées, et ont été obligées de se dissoudre après avoir perdu tout ce qu'elles possédaient, une entr'autres, 4000 fr.

Comment une société dont les œuvres de charité, les œuvres qui ont une heureuse influence sur la moralité humaine, sont les principales et les plus belles attributions, peut-elle dire qu'elle est riche, qu'elle a du superflu ? Les œuvres que nous indiquons, ne sont-elles pas toujours en proportion et infiniment au-delà des moyens que l'on a ? On mérite des éloges quand on fait tout ce qu'on peut. Mais est-ce remplir dignement l'auguste ministère de la bienfaisance, que de donner à un infortuné de quoi vivre deux ou trois jours ? En vérité, il n'y a ici que l'intention à louer. Une, deux ou trois médailles que reçoit un malheureux qui n'a pas de pain, le sauveront peut-être du désespoir, lui donneront quelque répit, et le courage de chercher des moyens d'existence : on lui rend par là un véritable service. Mais en réalité quelle mesquinerie dans cette bienfaisance !

Et si un membre de la L∴, ancien et méritant, qui ne vivait que de son travail, a une longue maladie, ne faudra-il pas lui allouer, suivant sa situation, 25, 50 fr. ou plus, pendant plusieurs mois ? S'il est frappé d'un revers dont on puisse l'aider à se relever avec une somme qu'on soit en état de lui donner, sera-t-on réduit à la lui refuser parce qu'on aura dépensé dans une fête d'agrément plus que ce qui lui serait nécessaire ? C'est donc une extrême imprudence, une faute, de n'avoir pas de réserve pour ces éventualités. C'est un non-sens, une absurdité, de dire qu'on est riche, qu'on a du superflu.

Riche ! mais une L∴ ne l'est jamais relativement aux nobles et pieuses dépenses qu'elle a l'occasion, le devoir de faire au besoin. Des LL∴ riches ! combien y en a-t-il qui le sont, même en ne s'imposant pas ces dépenses ? Loin d'être soucieuses de l'avenir, elles s'en défient, elles veulent l'absorber dans le présent. Lorsqu'elles ont quelques milliers de fr∴ en caisse, elles disent : si nous n'employons pas notre argent, d'autres viendront après nous, qui le prodigueront ou qui en feront leur profit. Eh ! qui vous donne le droit de préjuger que vos successeurs seront des hommes sans probité, sans délicatesse, de mauvais maç∴ ? Faites votre devoir, et ne vous inquiétez pas de la suite. Etablissez dans votre régime de bons principes, de bonnes traditions : elles se perpétueront ; car une association ne se renouvelle pas entièrement d'un seul coup; elle se conserve par l'admission successive d'individus qui prennent l'esprit de la masse dans laquelle ils se fondent. Rendez difficile le retrait de vos fonds placés; posez comme condition fondamentale de vos réglemens de finances, que ces fonds ne pourront être retirés que du consentement formel et par écrit d'une très grande majorité, celle des deux tiers des membres inscrits sur le tableau, ou même, si vous voulez, des quatre cinquièmes; puis, quand vous aurez pris ces précautions, croyez que l'esprit maçonn∴ ne fera que se fortifier par les progrès des lumières, au lieu de s'affaiblir.

Employez vos métaux, mais utilement, noblement, philantropiquement, et faites des réserves pour l'avenir; car il en faut pour qu'une L∴ ait de la vitalité; il en faut, d'abord pour les cas que nous avons mentionnés, et d'autres imprévus; en second lieu, pour assurer votre service s'il survenait de ces crises dont il y a de nombreux exemples, où vos recettes diminueraient, soit par la désertion de vos col∴, soit par la rareté des réceptions. Pour que la maçonn∴, pour que chaque L∴ ait de la consistance, il faudrait que chacune eût au moins 600 fr. de revenu, qui seraient un confortable supplément à son casuel, pour ses dépenses d'administration, pour ses œuvres philantropiques, pour quelques brillantes et utiles solennités. Si elle parvient à doubler ce revenu, ses frais indispensables seront assurés indépendamment de toute chance; et si en outre elle a d'abondantes recettes, qui la mettent en état de faire du bien largement, oh! alors, mais seulement alors, elle pourra permettre de temps en temps que sa caisse contribue pour une somme raisonnable à des fêtes d'agrément, pourvu qu'elle ne touche pas à son capital. Jusque là elle doit s'interdire ces réunions, ou exiger la quote-part entière de ceux de ses membres qui voudront s'en donner le plaisir. S'il en était ainsi, on ne verrait plus ces fréquentes et déplorables extinctions d'atel.·., dont la plupart, sembl ables à des feux follets, n'ont paru qu'un instant sur l'horizon maçonn.·.

Des maç.·. superficiels pourront trouver nos réflexions sévères ; mais elles ne paraîtront que justes à ceux qui ont apprécié l'institution, et les œuvres par lesquelles elle doit édifier le monde maçonn.·. et le monde prof.·.

§ II. *Partie intellectuelle et morale.*

Un être humain ne peut vivre, ou du moins bien vivre, qu'autant que son corps et son ame sont dans un état normal. De même dans une L.·., si une administration exacte et sévère est indispensable, une bonne direction des trav.·. ne l'est pas moins. Ce sont deux conditions qui se tiennent, qui réagissent également l'une sur l'autre, comme étant tour a tour causes et effets. Par leur réunion, un atel.·. à une existence vigoureuse, assurée ; il aurait bien du malheur s'il n'arrivait pas à une situation très florissante, sous le rapport de ses finances, de la dignité, de l'harmonie et de l'intérêt de ses tenues, de la sympathie de ses membres les uns pour les autres, et de leur dévouement à la maçonn.·. en général, et à la L.·. en particulier.

Les initiations, dont nous avons traité au chap.·. précédent, appartiennent essentiellement à cette partie des trav.·. maçonniques. Il nous reste à parler des autres trav∴ auxquels une L∴ peut se livrer lorsqu'elle n'a pas de réceptions, ou même lorsqu'elle en a, et qu'elles sont conduites de manière à ne pas occuper toute la séance, comme nous en avons exprimé le vœu.

Nous avons dit aussi que les questions uniquement relatives aux intérêts de la L∴ sont déplacées dans une tenue, et qu'on ne doit y donner que quelques instans au commencement et à la fin. Agir autrement, c'est manquer le but de la maçonn∴, c'est tromper l'espoir des visiteurs, auxquels des trav∴ administratifs sont fort indifférens, et qui sont venus pour prendre part à d'autres d'un ordre plus élevé ; c'est une irrégularité dans le genre de celles dont les ministres d'un culte se rendraient coupables s'ils interrompaient leur *Office* par des détails de *Sacristie*. N'oublions pas que la maçonn∴, ainsi que l'Ecossisme le proclame dès le premier grade, est un culte, à l'exercice duquel les tenues sont spécialement consacrées ; que tous les rites appellent le lieu de leurs réunions un temple ; que ce temple a son autel, ses offrandes, ses sacrifices et ses ministres, et que tout s'y fait en présence et sous l'invocation du G∴ A∴ de l'Univers. (Voir l'instruction aux récipiendaires dans la chambre de préparation. p. 28.)

Mais quelles en doivent être les pratiques ? Elles ne sont pas déterminées par un Rituel, et cela est heureux, car elles deviendraient promptement, par la répétition constante des mêmes choses, de froides et insignifiantes formules.

Le culte maçonn∴ a trois objets principaux, qui embrassent toutes les questions vitales pour l'humanité :

1°. *L'hommage rendu au* G∴ A∴, non par des pratiques minutieuses et stériles, mais par le cœur reconnaissant de ses bienfaits, par l'esprit intelligent, qui porte son attention sur les merveilles de la nature, et qui s'étudiant lui-même, a reconnu la loi divine au fond de son cœur, a compris sa destination et ses devoirs ;

2°. *La fidélité au principe de la fraternité humaine*, et à toutes les conséquences qui en découlent, justice, charité, amitié, bienfaisance, dévouement ;

3°. *La recherche de la vérité*, que Dieu, en nous donnant l'intelligence et la faculté du progrès, nous a destinés à connaître, à condition que nous emploierions pour y parvenir, les efforts de cette intelligence, dont il a fait le privilége de notre organisation, tandis qu'il n'a donné aux autres animaux qu'un instinct aveugle et stationnaire.

Quelle vaste et belle carrière offrent au talent des orateurs les développemens de ces trois principes fondamentaux de la vie raisonnable et heureuse de l'homme ! Tout ce qui peut intéresser au plus haut degré l'esprit et le cœur est à leur disposition : l'immensité de l'univers, son mécanisme, l'ordre qui règne dans l'ensemble et les détails, les mondes sans nombre qui peuplent l'espace, tous les êtres vivans, dont chacun est organisé suivant sa destination, la fécondité de la terre, ses productions variées et multipliées à l'infini, etc. Telle est la théologie simple et claire du Franc-Maçon. L'histoire naturelle en fournit les argumens les plus convaincans et les plus à la portée de tous : *les cieux et la terre racontent la puissance et la sagesse du* G∴ A∴ consultez-les. Mais cette histoire naturelle, si vaste, si attrayante, si variée, ne doit pas être enseignée *scientifiquement* dans les LL∴; il est facile d'en choisir les parties les plus saisissantes, tantôt dans un genre, tantôt dans un autre, et de les expliquer simplement, et de manière à fixer l'attention des hommes les moins instruits, et même à leur plaire.

Le dogme vraiment divin de la fraternité humaine est une mine également féconde : il donne lieu à traiter de nombreuses et intéressantes questions sur la morale sociale et domestique, sur les droits et les devoirs des hommes les uns envers les autres, suivant leur position respective ; à faire l'histoire des bienfaiteurs de l'humanité, le récit des bonnes actions, des généreux dévouemens, la censure, amère ou railleuse suivant le besoin, de tous les vices, de tous les préjugés nuisibles.

La loi maçonn∴ qui impose le devoir de rechercher la vérité, embrasse tous les sujets qui tendent au progrès humanitaire, ceux que nous venons de désigner, et bien d'autres encore, tels que les devoirs individuels, le respect de soi-même, la dignité humaine, la nécessité de cultiver son intelligence, les plaisirs purs et toujours nouveaux que donne cette culture, l'usage raisonnable des plaisirs sensuels, la dégradation physique et morale causée par les excès dans ce genre, le bon emploi de la richesse, la fermeté et la résignation dans le malheur, etc. Combien d'erreurs à redresser dans plus d'un genre! L'orateur les attaquera plus ou moins directement, avec plus ou moins d'énergie, suivant les circonstances, en observant toujours la grande loi maçonn∴, d'éviter les questions brûlantes de la politique contemporaine, et de choquer les opinions religieuses d'aucun de ses auditeurs.

Les dissertations écrites ou improvisées sur ces différens sujets ne doivent pas ressembler à de froids et longs sermons. Qu'on les traite avec chaleur, mais sans déclamations, sans prétention, sans métaphysique, sans une érudition fatigante pour ceux qui savent, et encore plus pour ceux qui ne savent pas, avec brièveté, avec des citations de faits qui soutiennent et réveillent l'attention. Il est surtout indispensable que l'orateur se mette à la portée de tous ceux qui l'entendent. C'est là le chef-d'œuvre de l'éloquence, qu'admirent avec raison les hommes les plus instruits, de savoir captiver ceux qui ne le sont pas. Qu'il remue les ames, qu'il touche les cœurs : il sera compris, même dans les atel.·. composés en grande partie d'hommes les plus accoutumés à des opérations de commerce ou à des travaux manuels qu'à des études littéraires. Il intéressera, il plaira également dans ceux où il y a de la science et de la littérature, sauf qu'il pourra employer un langage plus élevé, et donner plus d'étendue à ses discours.

On objectera peut-être qu'il ne se trouve pas toujours dans les LL.·. des hommes qui soient capables ou qui aient le temps de traiter de pareils sujets d'une manière satisfaisante. C'est le grand mal des associations maçonn.·. Il en résulte que l'institution est négligée, qu'à défaut d'entretiens intéressans, on s'y occupe de discussions insignifiantes, et qui n'en excitent pas moins quelquefois de tristes débats ; que les initiés se voient trompés dans les espérances qu'ils avaient conçues, que la première ferveur de leur zèle se refroidit. et que s'ils ne peuvent étudier isolément les hauts enseignemens de la maçonn.·., ils l'abandonnent comme inutile. Il faut désespérer d'une L.·. dont un certain nombre de membres a de l'instruction, et dont aucun ne veut prendre la peine de la communiquer aux autres. Quant aux atel.·. où il y a peu de ces hommes éclairés, et où, faute de temps ou de moyens, il ne se trouve personne pour leur offrir des discours préparés d'avance, des lectures de fragmens déjà publiés auront pour la plupart des membres le mérite de la nouveauté, et les intéresseront souvent plus que les compositions spéciales d'un orateur. Ces fragmens ne manquent pas, et l'on peut dans une même tenue en lire plusieurs de genres différens. Phénomènes de la nature, traits d'histoire, voyages, littérature en prose et en vers, philosophie morale, arts et métiers, quelques sentences remarquables, belles actions, notices sur des hommes utiles, anecdotes tantôt sérieuses, propres à inspirer l'amour de la vertu ou l'horreur du vice, tantôt plaisantes, qui montrent le ridicule de certains défauts, scènes tragiques, comiques, enfin tout ce qui peut échauffer le cœur, élever l'ame, éclairer l'esprit, tout est bon, il ne s'agit que de faire un choix intelligent de fragmens courts, variés, que les auditeurs comprennent facilement, dont on les aidera, s'il est nécessaire, à saisir le sens moral par quelques réflexions, de fragmens qui frappent leur imagination, qui les touchent ou les amusent utilement, qui étendent la sphère de leurs idées, qui leur apprennent des faits qu'ils ne connaissent pas, qu'ils puissent écouter, non pas seulement sans ennui, mais avec un vrai plaisir.

Combien la maçonn.·. serait respectable et

respectée, quel service elle rendrait à la société et à la classe nombreuse qui n'a pu orner son esprit par de bonnes lectures, si elle répandait ainsi l'instruction parmi les hommes de cette classe, si elle faisait, rectifiait ou complétait leur éducation, en leur offrant cette noble et inutile distraction des travaux de leur état ! C'est ainsi qu'elle remplirait véritablement sa destination, qui est de *polir la pierre brute*. Elle les pénétrerait ainsi du principe qui est la source de tout bien, et hors duquel l'homme n'est à la lettre qu'une brute, savoir, qu'étant composé d'un corps et d'une ame, il ne vit qu'à moitié, et par la plus grossière partie de lui-même, s'il n'a souci que de ses besoins corporels, qu'il doit aussi cultiver et agrandir de son intelligence. C'est l'intelligence, perfectionnée par l'enseignement et la réflexion, qui indique le droit chemin dans toute la conduite de la vie, dirige les passions vers le bien, règle l'activité par la prudence, montre le bonheur où il est, et empêche de s'égarer en le cherchant où il n'est pas. « Si tous les hommes, a dit Platon, » voyaient avec les yeux de l'intelligence, les sui- » tes et la hideuse difformité du vice, les avanta- » ges et les charges de la vertu, aussi évidem- » ment qu'ils voient les objets matériels avec les » yeux du corps, ils seraient tous vertueux. »

Et pourquoi n'ajouterait-on pas à ces enseignemens le plaisir du chant, plaisir pur, si attrayant, si propre à inspirer de hautes pensées, et à pénétrer les ames du sentiment moral ? Jusqu'à présent la musique n'a été en quelque sorte qu'un objet d'agrément pour les classes aisées. On commence à apprécier tout ce qu'elle peut avoir d'heureuse influence sur les masses. Un ministre d'un grand talent a fait, pour la populariser, de louables efforts, qui portent déjà leurs fruits. Elle fait partie de l'instruction primaire, et se répand de plus en plus parmi les générations qui s'élèvent. Les enfans sauront exécuter des chants composés sur une musique simple, des chants qui en moraliseront un grand nombre, parce qu'ils les apprennent avec facilité, parce que c'est pour eux un délassement et un plaisir de les répéter, qu'ainsi leurs jeunes ames se pénètrent de bons principes et de bonnes pensées que ces chants contiennent. Quant aux adultes, grâce au zèle de MM. Mainzer, Wilhelm, Ed. Jude, on compte déjà par milliers des jeunes gens qui suivent des cours publics pratiques, tenus par ces habiles professeurs, et y exécutent des chants d'ensemble avec une précision et un accord que les plus célèbres compositeurs ont admirés. Parmi ces élèves on en trouverait certainement, ainsi que d'autres amateurs, qui aimeraient à faire entendre dans les tenues, non pas des chansonnettes, mais un ou deux hymnes dignes de la maçonn∴, à deux ou quatre voix, sans avoir besoin d'être accompagnés par des instrumens, ce qui ne prendrait que quelques minutes, et n'entraînerait pas de frais.

En Allemagne, où toutes les classes cultivent la musique, où les Francs-Maçons observent en tenue le plus religieux recueillement, ces chants ont lieu dans beaucoup de Loges, et ce n'est pas la partie la moins intéressante de leurs travaux. Tous les FF∴ y prennent part, tous les cœurs vibrent avec un ensemble et une harmonie qui les exaltent jusqu'à l'enthousiasme.

Il est beaucoup d'autres trav∴ qui peuvent occuper utilement les LL∴, tels que les fêtes solsticiales, les commémorations funèbres quand

elles ont le malheur de perdre par décès un de
leurs membres, les conférences sur des sujets de
philosophie morale, qu'on a plusieurs fois es-
sayées avec un brillant succès lorsqu'elles ont
été soutenues par d'habiles improvisateurs, la
collation des deux gr∴ au-dessus du premier,
et particulièrement de la maîtrise, dont on ne
fait souvent qu'une froide et insignifiante céré-
monie, et qui peut être, comme on en a vu des
exemples, une des plus imposantes solennités
de la maçonn∴; des séances d'instruction, dans
lesquelles tous les FF∴ font une répétition sur
les mots, signes, attouchemens, et l'explication
des principaux symboles d'un G∴; des récom-
penses décernées à des actes de haute vertu; la
célébration d'évènemens dont l'humanité ou la
patrie ont à s'applaudir; enfin les fêtes d'adoption, qui ont leurs charmes, leurs avantages,
mais aussi leurs inconvéniens, et leurs dangers,
institution moderne de la galanterie française,
mais que la gravité maç∴ rejette dans presque
toutes les autres contrées (16). Nous nous contenterons de mentionner ici ces trav∴ qui sont bien
connus en maçonn∴, et que chaque atel∴ exécute avec plus ou moins de succès, d'éclat même,
suivant les talens qu'il possède, et la situation
de sa caisse. Le principal but de ce chapitre a
été d'indiquer les moyens de donner de l'intérêt
aux tenues ordinaires, même dans les atel∴
dont la plupart des membres se recommandent
par leur zèle et leur bonne volonté plus que par
l'étendue de leurs connaissances. Si tant d'atel∴
languissent, si leurs col∴ sont désertes, c'est
que ceux qui les dirigent, ne savent pas ou ne
veulent pas donner aux trav∴ cet intérêt que
nous recommandons, et qui est la condition in-

dispensable de la prospérité d'un atelier. En effet, on ne suit pas longtemps des réunions sans utilité ou sans agrément. Il faut donc faire quelque chose en L∴, dût-on s'y mettre à table comme le pratiquaient nos anciens, qui terminaient de courts trav∴ par un banquet (17). Cela n'est plus possible, d'après l'heure où l'on dîne actuellement, et parce que les Maç∴ ne savent plus se contenter d'un repas simple et peu dispendieux. Il ne reste par conséquent que les trav∴ d'instruction, dont le genre doit varier suivant le personnel de la L∴, mais toujours avec le même but, celui de l'utilité publique, et du perfectionnement moral. On fera de la science avec des savans, de la littérature et de l'histoire sérieuse avec des hommes lettrés *; avec ceux qui ne le sont pas, de l'histoire anecdotique; on leur lira des fragmens à leur portée sur tous les sujets capables de les intéresser.

CHAPITRE IV.

—

DU CONCOURS

du Vén∴, des Officiers, et de tous les Membres d'une L∴ pour sa prospérité.

Si nous avons bien conçu la maç∴, à cette époque surtout, où, pour le bonheur général qui

---

* Voir, p. 174. du 2e vol. de l'Encycl∴ Maç∴, un discours sur la littérature en Maç∴; et, p. 147, la partie du mémoire couronné par la R∴ L∴ des Trinosophes sur cette question mise au concours : *Quels sont les moyens de faire tourner entièrement la Maç∴ vers le bien de l'humanité? Cette partie traite des trav∴ d'instruction en L∴*

doit résulter d'une plus large diffusion de sa doctrine, elle est plus accessible que jamais à la classe laborieuse, celle du moins qui trouve dans son industrie et dans la modération de ses désirs, une existence honorable et assurée, une L∴ est l'asile d'un petit troupeau, dont le vén∴ est le pasteur. L'esprit maçonn∴, quant aux principes généraux, est le même que dans le dernier siècle ; mais la manière de les propager s'est beaucoup modifiée. C'était en grande partie par des trav∴ manuels, par les sens, que l'on inspirait ces principes : on les répand aujourd'hui en s'adressant directement à l'intelligence. Ainsi la pratique des LL∴ est toute différente. Elle se bornait à des usages presque toujours routiniers, quelquefois bouffons, ordinairement suivis de trav∴ de table, surtout lors des réceptions. Une telle maçonn∴, fractionnée d'ailleurs en LL∴ d'un personnel peu nombreux, qui restreignaient beaucoup leurs opérations et leurs écritures, par la nécessité de se cacher, et de n'avoir que des hommes très dévoués et très discrets, n'exigeaient pas ou presque pas de trav∴ au dehors. Un vén∴ pouvait dire alors qu'il ne s'occuperait de la L∴ qu'en Loge. Celui qui prendrait aujourd'hui le premier maillet avec une telle disposition, causerait en peu de temps l'affaiblissement de l'atel∴, puis son extinction. La direction d'une L∴ un peu considérable impose de nombreux et incessans trav∴, dont le vén∴ est l'ame, et dont la plupart retombent directement sur lui. Il doit surveiller tous les détails de l'administration, méditer sur tout ce qui peut contribuer à la prospérité de la L∴, tracer des plans de trav∴ quelquefois brillans, toujours utiles ; préparer des instructions variées pour les gr∴, de manière à intéresser non seulement ceux qui les reçoivent, mais encore ceux qui les ont vus souvent conférer; être toujours prêt à entretenir ses FF∴ lorsque d'autres trav∴ manquent; stimuler le zèle des orateurs pour qu'ils le secondent dans cette partie essentielle; celui des trésoriers pour qu'ils ne négligent pas les rentrées; celui de tous les fonctionnaires, des commissaires qui ont des renseignemens à prendre ou d'autres missions à remplir, de tous les membres, pour que chacun fasse son devoir; provoquer exactement la reddition des comptes aux époques fixées, et dans les cas extraordinaires s'il s'en présentait; arrêter confidentiellement de petits écarts, activer l'acquit des cotisations par des avis officieux, afin de prévenir, pour les fautes, des répressions plus sévères dans les réunions, et pour les retards de paiemens, des avertissemens plus pénibles. Il doit encore rédiger et vérifier les convocations, les revoir une à une, afin d'écrire par cette occasion à ceux des membres auxquels il a quelque communication à transmettre; faire lui-même à peu près toute la correspondance, diriger celle dont il charge le secrétaire; voir, autant qu'il est possible, les récipiendaires proposés et les demandeurs en secours, les faire causer, afin de mieux connaître les uns et les autres; s'informer de la position, des qualités et des défauts des premiers, pour donner plus de spécialité aux épreuves morales qu'il leur fera subir; examiner les titres des seconds, savoir quelles sont les causes de leur misère, s'ils sont encore en état de s'en tirer par le travail, comment on pourrait les y aider, etc.

Telle est la tâche d'un vén∴, pour l'accomplissement de laquelle il ne faut rien moins qu'un dévoûment à la maçonn.·. qui aille jusqu'à l'enthousiasme, une foi profonde dans le bien qu'elle fait, et plus encore dans celui qu'elle est appelée à faire. Il est vrai à la lettre de dire que celui qui remplit consciencieusement tous ses devoirs, ne passe pas un jour dans l'année sans s'occuper, tantôt par des trav.·. positifs, tantôt par la pensée, de la L.·. qu'il préside. Aussi, pour peu que les autres membres, fonctionnaires ou non, unissent leurs efforts aux siens, éclairent sa direction par leurs avis fraternels, par des discussions calmes et réfléchies, soutenues avec les égards qui sont dus à l'homme de leur choix, à l'homme qui leur sacrifie plus de la moitié de son temps, ses intérêts et son repos, cette L.·. est sûre de parvenir à une haute prospérité, quelque faible qu'elle soit, ou parce qu'elle ne fait que de naître, ou parce qu'elle a éprouvé de violentes secousses. D'un autre côté, elle peut s'attendre à une langueur qui finira par la mort, sous des présidens qui ne verront dans le vénéralat que la satisfaction d'une petite vanité, et qui ne voudront ou ne pourront presque en exercer les fonctions que lorsqu'ils seront au fauteuil. C'est au vén.·. que tient en première ligne la prospérité ou la décadence d'un atel.·. *

---

* Une L.·. semblait destinée à une longue et glorieuse existence. Elle avait été dirigée pendant plus de vingt ans, sauf quelques interruptions passagères ou nominales, par le même vén.·., rempli de zèle, d'intelligence et d'activité. Elle avait compté sur son tableau une centaine de membres ayant presque tous des établissemens solides. Son président se retire à la campagne : un autre est nommé. Celui-ci, appelé en 1830 à une haute fonction dans la garde nationale,

Les autres officiers ont également une notable influence sur l'une ou l'autre, suivant leur plus ou moins de zèle et d'exactitude dans l'exercice de leurs fonctions, qui toutes ont leur importance, tellement qu'il serait difficile de les classer sous ce rapport. Le bon maç∴ doit se persuader que toutes sont honorables, parce que toutes sont utiles, et que bien remplies, elles forment ce bel ensemble harmonique qui fait la gloire d'un atelier. S'il passe par l'élection, d'un office à un autre, qui, dans l'ordre hiérarchique, est placé après celui qu'il a occupé, il l'accepte sans se croire humilié, il y met le même zèle, à l'exemple de ces généraux magnanimes, qui, après avoir commandé les armées, se sont honorés de servir comme lieutenans de leur successeur, ou même comme simples soldats. C'est donc une fatale erreur de penser que dans ce cas *on descend*. Si cela était vrai, il en résulterait qu'il n'y aurait pas assez de premières fonctions pour ceux qui en auraient rempli d'inférieures; qu'un 2ᵉ surv∴ ne pourrait plus être utile que comme premier, puis, devenu premier, que comme président, et lorsqu'il quitterait le fauteuil, que sa capacité ne pourrait plus être employée.

La nature des diverses fonctions et les régle-

---

qui alors était dans toute son ardeur, passe un an sans convoquer la L∴; les surveillans n'en prennent pas plus de souci. On essaie enfin une réunion : les ouvriers sont dispersés. On en trouve à peine quelques-uns pour arrêter de se fondre dans une autre L∴. C'est ainsi que, par négligence ou autre cause, beaucoup d'atel∴ tombent les uns après les autres. La maç∴ serait bientôt éteinte si elle ne se perpétuait et ne se rajeunissait par la création d'atel∴ nouveaux.

mens indiquent les qualités que doivent avoir ceux qui en sont revêtus, et ce qu'ils ont à faire. Nous nous contenterons de dire en général que chacun, suivant les rapports que son office lui donne dans les trav∴ avec ses Frères, doit avoir de la fermeté sans raideur, et employer un langage bienveillant sans faiblesse pour tout ce qui peut compromettre le bon ordre dans les séances.

Le concours des simples membres n'est pas moins nécessaire : ils impriment aux trav∴ un caractère édifiant de dignité, par leur assiduité, leur maintien, leur attention, leur langage; ils conservent et accroissent la prospérité de leur famille maçonn∴ par leur zèle à lui procurer de bons ouvriers, à remplir les missions dont ils sont chargés, à préparer des lectures instructives quand ils le peuvent, à montrer dans l'acquit de leurs cotisations cette exactitude qui prouve qu'on pense à sa L∴, qu'on veut contribuer à la régularité de ses opérations financières, et ne pas fatiguer les fonctionnaires chargés de cette partie, de soins rebutans pour faire rentrer des sommes minimes : ils ne trouveront pas mauvais qu'on leur rappelle cette petite dette quand ils oublient de l'acquitter, considérant que ce n'est point par défiance de leur solvabilité qu'on insiste, mais afin que les exercices périodiques soient clos et terminés à chaque époque, et que la comptabilité ne soit pas compliquée d'arriérés à réclamer. Ils sentiront que l'égalité maçonn∴ oblige de demander cet arriéré aux plus riches comme aux moins aisés, sans quoi ceux-ci auraient droit de se plaindre. Les cotisations, légères dans la plupart des atel∴, ne sont pas d'un grand intérêt pour eux sous le rapport fi

nancier, et sauf quelques circonstances extraordinaires qu'une L∴ apprécie, il n'est pas un de
ses membres qui ne puisse facilement les acquitter, surtout quand il ne se laisse pas arriérer.
Mais l'exactitude à les payer a de l'importance
pour elle sous un autre point de vue : c'est un des
signes auxquels elle reconnaît le bon maçon, le
maç∴ fidèle à ses engagemens, et qui lui est
sincèrement attaché.

En un mot une L∴ est comme une ruche d'a-
beilles, dans laquelle tous ses membres doivent
travailler avec ardeur au bien commun. La
maç∴ n'est pas faite pour les ames sans chaleur, pour les esprits étroits, qui ne comprennent
pas sa haute mission, son sublime apostolat.
C'est ici le cas d'appliquer l'anathème de l'Evan-
gile contre les cœurs tièdes. Soulager le malheur,
populariser l'instruction, ce qu'il y a de vrai, de
pur en religion, en philosophie, accoutumer par
la pratique, au respect de l'ordre, des convenances, enseigner la route du véritable bonheur,
préparer l'heureuse époque où toutes les frac-
tions du genre humain, unies par les liens de la
tolérance et de la fraternité, ne feront plus qu'une
seule famille, voilà d'assez belles œuvres pour
exciter le zèle, l'enthousiasme même.

NOTES.

(1). p. 9. — *Faut-il dire* Franc-Maçonn.·. *ou* Franche-Maçonnerie ?

Cette question n'est pas sans importance pour l'honneur de l'institution : il est fâcheux que les membres d'une association aussi répandue ne soient pas d'accord en France, même sur son nom ; il l'est surtout que des maç.·. soient en contradiction à cet égard avec tous les dictionnaires, avec tous les gens de lettres, et qu'ils s'exposent à être accusés par ceux-ci de violer les règles de la logique et de la langue française.

Dans les ouvrages maç.·., l'Institution n'est ordinairement désignée que sous le nom de *Maçonnerie*, et si quelquefois les auteurs se servent du mot entier, ils l'écrivent presque toujours en abrégé : Fr.·.-Maçonn.·.; ce qui peut laisser quelque incertitude à ceux qui n'ont pas réfléchi.

Si nous opposions écrivains à écrivains, on reconnaîtrait qu'en général, les plus savans, les plus profonds, et surtout ceux qui ont le plus de mérite littéraire, sont pour le mot Franc-Maçonnerie. Nous ne ferons pas ce rapprochement, qui pourrait blesser certaines susceptibilités. Nous dirons seulement que lorsque l'Institution fut introduite ou ramenée en France dans le dix-huitième siècle, où les écrits maçonn.·. étaient très rares, la dénomination de Franc-Maçonn.·. était universellement adoptée. Le F.·. Énoch, dans un ouvrage longtemps classique pour les LL.·. intitulé Le Vrai Franc-Maçon, imprimé en 1773, ne la désigne jamais que sous ce nom, ainsi que le F.·. Robin, dans son opuscule publié en 1779, sous le titre de *Recherches sur les initiations anciennes et modernes*, et qui réunit le mérite du style à une érudition de bon goût. (Nous l'avons imprimé en entier dans le premier vol. de *l'Encycl∴ Maçonn∴*) Le premier de ces auteurs appelle les Sœurs d'Adoption des *Franc-Maçonnes*, et cette appellation nous paraît décisive. Il ne faut pas en effet un grand effort de logique pour sentir que celle de *Franche-Maçonne* aurait un tout autre sens. Elle signifierait une *véritable maçonne*, et non simplement une femme faisant partie de l'association. Une Franc-Maçonne dont la conduite serait reprochable, ne serait pas une franche maçonne. Si cela est incontestable, il s'en suit nécessairement que la dénomination de *Franc-Maçonn∴* est un nom propre composé, pour indiquer une association spéciale, et la distinguer des autres sociétés, tandis que dans les mots *Franche-Maçonn∴*, l'adjectif *franche* ne fait plus partie du nom propre, et signifie *vraie*, par opposition à une maçonn∴ qui fausserait et dénaturerait les principes de l'Institution. C'est ainsi que dans un discours où l'on reconnaît un F∴ qui cultive les lettres, prononcé le 27 décembre 1839, à la fête d'Ordre du G∴ O∴, le F∴ Lefevre d'Aumale, orateur de la Ch∴ Symb∴, a donné à l'adjectif *franche* son véritable sens, lorsqu'il a dit : « Ce ne serait plus de la bonne et franche maçonn∴ » D'où il résulte qu'il pourrait y avoir des Franc-Maçonn∴ qui ne seraient pas de franches maçonneries.

Si l'on ergote sur ces considérations logiques, laissons-les, et consultons ce qui, dans les langues, fait la loi, et une loi impérieuse à laquelle il faut se soumettre, c'est-à-dire, l'usage et les autorités littéraires. Tous les auteurs profanes, lorsqu'ils ont occasion de parler de la maçonn ·. directement, ou, ce qui n'est pas rare, par allusion, soit dans les journaux les mieux rédigés, soit dans des ouvrages de longue haleine, écrivent en toutes lettres Franc-Maçonnerie.

L'Académie française avait omis ce mot dans l'avant-dernière édition de son dictionnaire, en 1762. On conçoit le motif de sa réserve à cette époque. Elle l'a rétabli dans la dernière édition (1836). Nous avons vérifié un grand nombre de dictionnaires, qui ont paru, soit auparavant, soit après, et il n'y en a pas un qui se permette, plus que ce premier tribunal de la langue française, le barbarisme logique de *Franche-Maçonnerie*. Ces dictionnaires sont ceux de Boiste, Vailly, Letellier, Babault, le grand et le petit Napoléon Landais, le dictionnaire usuel et portatif de la Langue française, publié par la Société Nationale en 1834, etc., etc.

Le G∴ O∴, dans sa circulaire du 24 septembre 1839, qui annonce aux atel∴ la confection des nouveaux réglemens, a écrit *Franc-Maçonn∴*, et dans une des formules qui sont à la suite des articles adoptés, on a imprimé *Franche-Maçonnerie*. Faudra-t-il qu'il délibère gravement sur la question, et qu'il invite les écrivains maç∴ à ne pas se brouiller *pour un nom* avec le monde littéraire ?

Avis. Le cadre que nous avons adopté pour chacun de ces cahiers, nous oblige de renvoyer au second la suite de ces notes, ainsi que d'autres sujets de la Maçonn∴ Symb∴, que nous n'avons pu traiter dans cette première livraison, qui devait être spécialement consacrée à l'exposition des principes généraux.

TABLE.

TROYES, IMP. ET LITH. BOUQUOT.

www.ingramcontent.com/pod-product-compliance
Ingram Content Group UK Ltd.
Pitfield, Milton Keynes, MK11 3LW, UK
UKHW031815170726
13836UKWH00003B/1416